FACULTÉ DE DROIT DE PARIS.

THÈSE

POUR LA LICENCE.

L'acte public sur les matières ci–après sera soutenu,
le mercredi 9 janvier 1856, à onze heures,

Par HENRI-FERNAND DOSSEUR, né à Paris.

Président : M. VUATRIN, Professeur.

Suffragants : { MM. BONNIER, BRAVARD, DUVERGER, } Professeurs.
COLMET DE SANTERRE, Suppléant.

*Le Candidat répondra en outre aux questions qui lui seront faites
sur les autres matières de l'enseignement.*

PARIS.

CHARLES DE MOURGUES FRÈRES, SUCCESSEURS DE VINCHON,
Imprimeurs de la Faculté de Droit,
RUE J.-J. ROUSSEAU, 8.

1856.

32

A MON PÈRE.

A MA GRAND'-MÈRE.

JUS ROMANUM.

DE VERBORUM OBLIGATIONIBUS.

(Dig., xlv, 1; L. 2, 3, 4, 72 et 85.)

Stipulationum quædam in dando, quædam in faciendo consistunt (D., L. 8).

Et harum omnium quædam partium præstationem recipiunt, veluti cum decem dari stipulamur, quædam non recipiunt ut in his quæ natura divisionem non admittunt : cum viam, iter, actum stipulamur. Quædam partis quidem dationem natura recipiunt, sed nisi tota dentur stipulationi non satis fit, veluti cum hominem generaliter stipulor aut lancem aut quodlibet vas. Nam si Stichi pars soluta sit, nondum in ulla parte stipulationis liberatio nata est; sed aut statim repeti potest, aut in pendenti est donec alius detur. Ejusdem conditionis est hæc stipulatio, Stichum aut Pamphilum dari? Hinc, nascitur divisio in stipulationes dividuas et individuas.

Dividuæ stipulationes sunt earum rerum quæ divisionem recipiunt; individuæ contra veluti : viæ, itineris, actus, aquæ ductus, cæterarumque servitutum.

Quadrifariam autem spectari potest hæc stipulationum divisio, scilicet quod aliæ sint dividuæ tam quoad obligationem, quam quoad solutionem; aliæ individuæ quoad utrumque; aliæ dividuæ quoad obligationem et individuæ quoad solutionem ; aliæ, denique, individuæ quoad obligationem, et dividuæ quoad solutionem.

In executione obligationis sciendum est quatuor causas esse. Nam interdum est aliquid, quod a singulis heredibus divisim consequi possumus ; aliud quod totum peti necesse est, nec divisim præstari potest; aliud quod pro parte petitur, sed solvi, nisi totum non potest; aliud quod solidum petendum est, licet in solutione admittat sectionem (L. 85).

§ 1. Prima species stipulationum earum scilicet quæ dividuæ sunt tam quoad obligationem quam quoad solutionem pertinet ad promissorem pecuniæ certæ. Pecunia enim est semper dividua et petitio et solutio ad portiones hereditarias spectat.

Circa has stipulationes dividuas observat Julianus aliter divisionem fieri cum species, aliter cum genera in stipulationem deducta sunt.

Cum species stipulamur necesse est inter dominos et inter heredes ita dividi stipulatio, nam ut partes corporum cuique debebuntur. Quoties autem genera stipulamur numero fit inter eos divisio. Veluti cum Stichum et Pamphilum quis stipulatus, duos heredes æquis partibus reliquit ; necesse est utrique partem dimidiam Stichi et Pamphili deberi. Si idem duos homines stipulatus fuisset, singuli homines heredibus ejus deberentur.

Eadem Papinianus et Ulpianus dicunt.

Operarum stipulatio similis est his stipulationibus, in quibus genera comprehenduntur ; et ideo divisio ejus stipulationis non in partes operarum sed in numerum cedit. Quod si unam operam servus communis stipulatus fuerit, necesse est utrique dominorum partem operæ tantam, quantam in servo habuerit, petere. Solutio autem ejus obligationis expeditissima est si æstimationem operæ malit libertus offerre aut si consentiant patroni ut his communiter operæ edantur (L. 54 ; Julian. lib. 22, Digest.).

§ 2. Secunda stipulationum species quæ individuæ sunt quoad obligationem et solutionem pertinet ad opus quod testator fieri jusserit. Nam singuli heredes in solidum tenentur ; quia operis effectus in partes scindi non potest (L. 85). Scilicet adversus singulos agi potest in solidum, ut opus fiat; et sic individua est stipulatio quoad obligationem. Item non potest unus ex his liberari, nisi opus in solidum factum fuerit; pro parte illud faciendo non liberatur : et sic stipulatio est individua quoad solutionem. Observa tamen quod etsi adversus singulos agatur in solidum ut opus fiat, tamen si non fiat resolvitur obligatio in id quod interest : quod dividuum est. In hac igitur specie obtinet illa generalis juris regula : ea quæ in partes dividi non possunt singula a singulis heredibus debentur.

Ex his enim stipulationibus ne heredes quidem pro parte, solvendo liberari possunt, quamdiu non eamdem rem omnes dederint. Non ex persona heredum conditio obligationis immutatur.

Et ideo si divisionem res promissa non recipit, veluti via, heredes promissoris singuli, in solidum tenentur : quod ex natura rerum nascitur; pars enim stipulatori viæ inutilis esset; sed quo casu unus ex heredibus solidum præstiterit, repetitionem habebit a coherede familiæ erciscundæ judicio (L. 2).

Ex quo quidem accidere Pomponius ait, ut et stipulatoris viæ vel itineris heredes, singuli in solidum habeant actionem. Sed quidam hoc casu extingui stipulationem putant, quia per singulos acquiri servitus non potest: sed non facit inutilem stipulationem difficultas præstationis.

Hæc erat ratio dubitandi: Servitus acquiri non potest nisi ab eo qui prædii in solidum dominus est. Unde videbatur singulos heredes ejus qui servitutem prædio suo constitui stipulatus est (quum non sint nisi pro parte hujus prædii domini) non posse hanc servitutem petere quam singuli acquirere non possunt; adeoque corrumpi et extingui hanc stipulationem.

Respondet fatendo, in hac specie occurrere difficultatem in præstatione servitutis promissæ: verum non ideo fieri inutilem stipulationem, quia difficultas quidem at non impossibilitas occurrit. Potest enim is ex heredibus qui ex stipulatu agit ut servitus constituatur, adhibere coheredes suos ut una omnibus constituatur.

Si in facto sit stipulatio, veluti si ita stipulatus fuero: per te non fieri neque per heredem tuum quominus mihi ire agere liceat? Quando committatur stipulatio quæritur? Julianus et Pomponius putant: si unus ex pluribus heredibus prohibuerit, teneri quidem et coheredes ejus, sed familiæ erciscundæ judicio repetere quod præstiterint.

Contra autem si stipulator decesserit, qui stipulatus erat sibi heredique suo agere licere et unus ex heredibus ejus prohibeatur, interest utrum in solidum committatur stipulatio an pro parte ejus qui prohibitus est. Nam si pœna stipulationi adjecta sit, in solidum committitur; sed qui non sunt prohibiti, doli mali exceptione summovebuntur. Prohibitus in solidum agere potest, et contra si pœna nulla posita sit, tunc pro parte ejus tantum qui prohibitus est committetur stipulatio (L. 2). Hæc differentia illam habet rationem, quod ubi unus ex heredibus prohibetur non potest coheres ex stipulatu agere, cujus nihil interest, nisi pœna subjecta sit; nam pœna subjecta efficit ut omnibus committatur, quia hic non quærimus cujus intersit; enim vero ubi unus ex heredibus prohibet, omnes tenentur heredes ; interest enim prohibiti a nemine prohiberi.

Idem juris est et in illa stipulatione : mihi heredique meo habere licere. Observa quod ad stipulationem illam non solum si de proprietate, sed et si quis forte non de proprietate, sed de possessione nuda controversiam fecerit, vel de usufructu, vel de usu, vel de quo alio jure palam est committi stipulationem. Habere enim non licet ei cui aliquid minuitur ex jure quod habuit (L. 3).

Eadem dicemus et si dolum abesse a te heredeque tuo stipulatus sim, et aut promissor, aut stipulator pluribus heredibus relictis decesserit. Quæramus, cum pluribus rebus adjicitur, ad quas referri debet hæc stipulatio ? Omnes casus de quibus specialiter cautum non sit ad rem de qua actum est pertinentes, complectitur doli clausula. Unde hanc regulam statuit Ulpianus, ut : hæc verba, cui rei dolus malus aberit, abfuerit, generaliter comprehendant omnem dolum, quicumque in hanc rem admissus est, de qua stipulatio est interposita. Cæterum non pertinet hæc doli clausula ad quid omnino diversum est ab his rebus de quibus actum est.

Cato scribit et recte, pœna certæ pecuniæ promissa, si quid aliter factum sit, mortuo promissore, si ex pluribus heredibus unus, contra quam cautum sit, fecerit, aut ab omnibus heredibus, pœnam committi pro parte hereditaria aut ab uno pro parte sua. Ab omnibus, si id factum de quo cautum est, indivisum sit, veluti : iter fieri. At si de eo cautum sit quod divisionem recipiat, tum eum heredem qui adversus ea fecit, pro portione sua solum pœnam committere.

Differentiæ hæc est ratio, quia quod in partes dividi non potest, ab omnibus quodammodo factum videtur.

§ 3. Tertia stipulationum species, quæ dividuæ sunt quoad obligationem, individuæ quoad solutionem.

Testator hominem incertum, id est indeterminate in genere promittit et duos heredes habet; obligatio dividua est, nam petitio ejus scindiri potest. Solvi vero nisi solidus non potest, alioquin in diversis hominibus recte partes solventur; quod non potuit defunctus facere ne quod stipulatus sum consequar. Idem juris est et si quis decem millia aut hominem promiserit. Nec enim Stichi cujus partem jam accepit, reliquam partem stipulator petere potest; quum non Stichus sed homo incertus aut decem millia in obligatione contineantur. Sed si verum esset posse eum petere partem duntaxat hominis incerti, ergo cujusvis alterius hominis quam Stichi pars ei solvi posset.

Ut autem defunctus solvere non potuisset diversorum hominum partes, ita nec hoc possunt ejus heredes. Obligatio enim quæ ex persona heredum immutari non debet, est obligatio unius hominis. Diversorum autem hominum partes non efficiunt unum hominem.

Solutio igitur debet esse tota et solutio partis erit inefficax nisi jam ex reliquis partibus liberatio saltem per exceptionem contigisset. Unde statim additur: Si tamen hominem stipulatus, cum uno ex heredibus promissoris egero (et victus fuero per injuriam aut imperitiam judicis) pars duntaxat cæterorum obligationi supererit, ut et solvi potest. In hoc casu recte solvetur pars hominis, quia pars tantum in obligatione remanet, quum pro reliqua parte ejus quod in obligationem deductum erat, nihil prorsus consequi possit stipulator, utpote summotus per exceptionem rei judicatæ.

Idemque est si uni ex heredibus accepto latum sit (L. 2.). Idemque est in ipso promissore et fidejussoribus ejus quod diximus in heredibus (L. 2.).

§ 4. Denique de quarta stipulationum specie videamus

quæ individuæ sunt quoad obligationem, dividuæ quoad solutionem.

In solidum vero agi oportet et partis solutio affert liberationem, cum in causa evictionis intendemur, nam auctoris heredes in solidum denuntiandi sunt, omnesque debent subsistere, et quolibet defugiente omnes tenebuntur, sed unicuique pro parte hereditaria præstatio injungitur (L. 85).

Item docet Venuleius : Cum ex causa duplæ stipulationis aliquid intendimus, venditoris heredes in solidum omnes conveniendi sunt, omnesque debent subsistere : et quolibet eorum defugiente cæteris subsistere nihil prodest; quia in solidum defendenda est venditio, cujus indivisa natura est. Sed quum, uno defugiente omnes defugisse videantur, ideoque omnes teneantur, unicuique pro parte hereditaria præstatio incumbit.

Nota in hac quarta specie, quamvis singuli heredes promissoris in solidum conveniri debeant, tamen singulos heredes stipulatoris pro parte sua agere.

Hoc docet Paulus : Si is qui duplam stipulatus est, decesserit, pluribus heredibus relictis, unusquisque ob evictionem suæ partis, pro portione sua habebit actionem. Idemque est in stipulatione quoque fructuaria, et damni infecti, et ex operis novi nuntiatione, scilicet ut unusquisque heredum stipulatoris non possit nisi pro parte sua agere, de restituenda re fructuaria, aut de resarciendo damno, de quo vicinus cavit. (Restitui tamen opus ex operis novi nuntiatione pro parte non potest). Hæc, utilitatis causa ex parte stipulatorum recepta sunt. Ipsi autem promissori pro parte neque restitutio, neque defensio contingere potest. Scilicet, ut stipulatio : ex novi operis nuntiatione etsi ex parte stipulatoris heredum dividua sit, nec possit unusquisque heredum agere nisi quatenus pro parte sua interest opus non restitui, tamen ex parte heredum promissoris individua est : restitui enim quod pro parte non potest, adeoque potest unusquisque heredum in solidum de restituendo opere conveniri (L. 4.).

DE DUOBUS REIS CONSTITUENDIS.

(Dig. xlv, tit. 2.)

Qui stipulatur, reus stipulandi dicitur; qui promittit reus promittendi habetur,

Quod si duo pleresve idem stipulentur, correi stipulandi dicuntur; si duo pluresve idem promittant, dicuntur correi promittendi.

Circa correos videbimus: 1° quomodo constituantur; 2° quarum obligationum duo pluresve correi esse possint; 3° quæ sit correorum natura.

§ 1. — Quomodo duo rei tam stipulandi quam promittendi constituantur.

Ut duo rei stipulandi constituantur oportet : 1° ut uterque stipulatus fuerit, et quidem utiliter; 2° ut singuli eamdem rem in solidum stipulentur, secus si quisque pro parte sua. Ut duo rei promittendi constituantur, oportet ut singuli utiliter promittant et singuli idem in solidum.

Ita constitui possunt, si post omnium interrogationem promissor respondeat: utrique vestrum spondeo; aut si stipulanti: Mœvi, quinque aureos dare spondes, Sei, eosdem quinque aureos dare spondes? singuli separatim respondeant : Spondeo.

Duo rei promittendi, sive ita interrogati : Spondetis? respondeant : Spondeo, aut spondemus? sive interrogati : Spondes? respondissent : Spondemus, recte obligantur, ut ait Pomponius.

Duos reos promittendi facturus, si utrumque interrogavero,

sed alter duntaxat responderit, qui responderit obligari dicendum est; neque enim sub conditione interrogatio in utriusque persona fit, ut ita demum obligetur, si alter quoque responderit. Sed si a duobus reis stipulandi interrogatus respondisset eum, se spondere, ei soli tenetur.

. Si id quod ego et Titius stipulamur, in singulis personis proprium intelligatur, non poterimus duo rei stipulandi constitui : veluti quum usumfructum, aut dotis nomine dari stipulemur. Scilicet si ego dominus proprietatis, et Titius, stipulemur a fructuario fundi mei, remitti hunc usumfructum; vel ego Caiam ducturus, et Titius, stipulemur dotis Caiæ nomine. Autem dari : non erimus duo rei stipulandi, sed ego solus creditor ero, quia quod in stipulationem deductum est, personæ meæ proprium est, nec nisi a me adquiri potest. Nec enim alii quam domino fundi, remitti ususfructus hujus fundi potest, nec nisi ei qui Caiam ducturus est, dotis Caiæ nomine quid deberi potest.

Julianus quoque scribit : Et si Titius et Seius decem, aut Stichum qui Titii sit, stipulati fuerint, non videri eos duos reos stipulandi; quum Titio decem tantum (nec enim Titio res sua, Stichus, deberi potest), Seio Stichus aut decem debeantur. Atque hi demum correi stipulandi sunt, quibus idem debetur. Quæ sententia eo pertinet, ut quamvis vel huic vel illi decem solverit, vel Seio Stichum, nihilominus alteri obligatus manet. Ita saltem in stricta juris ratione ; cum enim non sunt correi, solutio uni facta, ab alio non liberat. Sed dicendum est (sequendo æquitatem) ut, si decem alteri solverit, ab altero liberetur.

Ut duo rei stipulandi constituantur, oportet, ut supra diximus, ut singuli eamdem rem in solidum stipulentur ; secus si quisque pro parte sua. In dubio autem, quisque pro parte sua stipulatus præsumetur. Unde Papinianus : quum tabulis esset comprehensum illum et illum centum aureos stipulatos, neque

adjectum, ita ut duo rei stipulandi essent : virilem partem singuli stipulati videbantur.

Et e contrario cum ita cautum inveniretur, tot aureos recte
dari stipulatus est Julius Carpus : spopondimus ego Antoninus,
Achilleus et Cornelius, Dius, partes viriles deberi quia non fuerat
adjectum singulos in solidum spopondisse, ita ut duo rei promittendi fierent.

Nil refert autem, an duo singuli solidum sibi an servo communi dari stipulentur. Nam, si ipsi domini singuli eadem decem
servo communi dari fuerint stipulati, et semel responsum se-
cutum fuerit, duo rei stipulandi erunt, quum placeat dominum
servo dari stipulari posse. Jam vero ut duo rei promittendi
constituantur oportet : 1° ut utiliter promittant. Hinc quum
inutiliter promittat qui non confestim respondet id sequitur :
Si ex duobus qui promissuri sint, hodie alter, alter postera die
responderit, promitto : non esse duos reos, ac ne obligatum
quidem intelligi eum qui postera die responderat, quum actor
ad alia negotia discesserit vel promissor, licet peractis illis rebus responderit.

Duo rei sine dubio ita constitui possunt, ut et temporis ratio
habeatur, intra quod uterque respondeat. Modi cum tamen intervallum temporis, item modicus actus, qui modo contrarius
obligationi non sit, nihil impedit quominus duo rei sunt. Fidejussor quoque interrogatus inter duorum reorum responsa, si
responderit, potest videri non impedire obligationem reorum,
quia nec longum spatium interponitur, nec is actus qui contrarius sit obligationi.

Ut duo rei promittendi constituantur, oportet 2° nimirum
utrumque eamdem rem promisisse.

Dicendum est igitur : si quis in deponendo penes duos, pa-
ciscatur ut ab altero culpa quoque præstaretur verius est non
esse duos reos, a quibus impar suscepta est obligatio.

Non idem probandum est quum duo quoque culpam promisissent ; si alteri postea pacto culpa remissa sit, quia posterior conventio, quæ in alterius persona intercessit, statum et naturam obligationis quæ duos initio reos fecit, mutare non potest. Quare si sócii sint, et communis culpa intercessit, etiam alteri pactum cum altero factum proderit.

Maxime autem non videbuntur idem promisisse, adeoque rei promittendi non erunt, qui rem non in solidum, sed pro sua quisque parte promiserint.

In dubio autem, ut supra, præsumentur, pro sua quisque parte promisisse.

Hodie vero ex Novella XCIX non intelliguntur duo rei promittendi esse, nisi expressum sit,

Nil refert, ut duo rei promittendi constituantur. an simul an ex intervallo se obligent.

Hinc in duobus reis promittendi timenda non est novatio. Nam si prior ante responderit, posterior deinde ex intervallo, consequens est dicere pristinam obligationem durare, et sequentem accedere. Parvi enim refert utrum simul vel separatim promittant, cum hoc ita actum sit ut duo rei constituantur, non autem animo novandi (L. 3), nec ulla novatio fieri potest, nisi inter contrahentes expressum fuerit, ut edictum est a Justiniano.

Nil etiam interest an eodem, an dispari modo obligentur. Nam ex duobus reis promittendi, alius in diem vel sub conditione obligari potest. Nec enim impedimento erit dies aut conditio, quominus ab eo qui pure obligatus est, petatur. Licet enim una res vertatur, una sit summa attamen tot sunt obligationes quot personæ, et unusquisque sub diversis modis sese obligare ad eamdem rem potest, et sufficit omnium obligationem ejusdem esse potestatis et eamdem rem ab omnibus peti posse, quamvis non eodem tempore.

Pariter, diversa dies tacite singulorum obligationi inesse potest.

Hinc Papinianus : Quum duos reos promittendi facerem ex diversis locis, Capuæ pecuniam dari stipulatus sum. Ex persona cujusque ratio proprii temporis habebitur. Nam etsi maxime parem causam suscipiunt , nihilominus in cujusque persona propria singulorum consistit obligatio. Ergo tot obligationes sunt, quot personæ reorum. Atqui tamen una dicitur esse obligatio ? Solve, una est respectu rei debitæ. Unam enim non diversam rem correi debent, respectu autem personarum obligatarum, plures sunt obligationes.

Denique Julianus : Duobus autem reis constitutis , quin liberum sit stipulatori, vel ab utroque, vel ab altero duntaxat fidejussorem accipere, non dubito.

Obiter observa quod : reos promittendi vice mutua fidejussores non inutiliter accipi convenit. (Ita enim etsi socii non sint : is qui solverit, habebit actionem mandati adversus alterum : item poterit unus compensare quod alteri debetur.) Reus itaque stipulandi actionem suam dividere si velit (neque enim dividere cogendus est), poterit eumdem ut principalem reum, item qui fidejussor pro altero extitit, in partes convenire, non secus ac si duos promittendi reos divisis actionibus conveniret. Correi enim debendi, singuli et pro parte sua et in solidum obligantur; adeoque electio creditoris est , aut unumquemque in solidum aut pro parte sua divisis actionibus convenire.

§ 2. — Quarum obligationum duo pluresve correi esse possint.

Non tantum in obligationibus quæ in dando, sed etiam in his quæ in faciendo consistunt duo rei tam stipulandi quam promittendi adhiberi possunt. Nam nemo est qui nesciat alienas operas promitti posse et fidejussorem adhiberi in ea obligatione : et ideo nihil prohibet duos reòs stipulandi constitui, vel promittendi. Sicuti si ab eodem fabro, duo rei stipulandi easdem operas stipulentur, et ex contrario duo fabri ejusdem peritiæ easdem operas promittere intelliguntur, et duo rei promittendi fieri. Nec enim obstat quod factum alienum promitti non posse dicitur. Nam non potest quidem sic promitti, ut quis non de se, sed de alio promittat; sed sic potest promitti ut quis de se promittat, scilicet se curaturum ut alius faciat; aut quanti interest daturum, si is non fecerit.

Non solum stipulationum conventionalium sed et stipulationum prætoriarum, duo rei fieri possint. Nec in stipulationibus tantum duo rei fieri possunt, sed et in cæteris contractibus, veluti emptione, venditione, locatione, conductione, deposito, commodato, si eamdem rem duobus vendidi, locavi, aut apud duos deposui, aut duobus commodavi, utriusque fidem in solidum secutus. Testamento quoque duo rei inesse possunt : puta, si pluribus heredibus institutis, testator dixit : Titius aut Mœvius Sempronio decem dato, aut e contrario : Titius heres meus Seio aut Sempronio utri velit decem dato; nam, ait Paulus, ut stipulando duo rei constitui possunt, ita et testamento potest id fieri.

§ 3. — Quæ sit correorum natura.

Correorum sive stipulandi, sive promittendi ea natura est quod, cum duo eamdem pecuniam aut promiserunt, aut stipulati sunt : ipso jure et singulis in solidum debetur, et singuli debent. In utraque tamen obligatione una res vertitur, et vel alter debitum accipiendo, vel alter solvendo, omnium perimit obligationem et omnes liberat.

Ubi duo rei facti sunt, potest vel ab uno eorum solidum peti, hoc est enim duorum reorum, ut unusquisque eorum in solidum

3

sit obligatus, possitque ab alterutro peti. Et partes autem a singulis peti posse nequaquam dubium est, quippe reus stipulandi actiones dividere potest, quemadmodum et a reo et fidejussore petere potest : utique enim cum una sit obligatio, una et summa est; ut sive unus solvat, omnes liberantur, sive solvatur ab altero, liberatio contingat. Acceptilatione unius, tota solvitur obligatio. Ait enim Ulpianus : cum ex duobus pluribusque ejusdem obligationis particibus uni accepto fertur, cæteri quoque liberantur; non quoniam ipsis accepto latum est, sed quoniam velut solvisse videtur is qui acceptilatione solutus est.

Petitione, id est, si reus stipulandi cum uno ex promittendi reis agit, omnium obligatio tollitur; nec necesse est ut postea ab eo cum quo actum est solvatur; sed ille tantum obligatus manet. Litis enim contestatione, si modo legitimum fuerit judicium, obligatio principalis dissolvitur, incipit autem teneri reus litis contestatione.

Et hac novatione cæteri liberantur. Ita erat jure antiquo, Justinianus autem constituit, ne ex unius electione creditori præjudicium adversus alium fiat; sed remanere et ipsi creditori actiones integras donec per omnia ei satisfiat. Et e contrario, ex duobus reis stipulandi si semel unus egerit, alteri promissor offerendo pecuniam nihil agit. Quamvis ante litem contestatam posset. Si reus promittendi uni ex stipulandi reis heres exstiterit, sibi ipsi solvisse videtur, et ideo non amplius peti potest ab aliis creditoribus. Si vero plures rei promittendi sint, et creditor alteri heres extiterit, persona tantum exempta est, confusa obligatione; igitur alterum reum ejusdem pecuniæ non liberari et cum eo vel in solidum si non erit societas, vel in partem si socii sint, posse creditorem agere.

Quid autem si reus promittendi alteri res heres exstiterit?

Duas obligationes eum sustinere dicendum est; nam ubi qui‑
dem altera differentia obligationum esse possit, ut in fidejus‑
sore et reo principali, constitit alteram ab altera perimi ; cum
vero ejusdem duæ potestatis sint, non potest reperiri qua
altera potius quam alteram consummari ; ideoque etsi reus
stipulandi heres extiterit, duas species obligationis eum susti‑
nere. Et is erit effectus ut si alter ex reis temporali exceptione
summoveri poterit, intererit is qui heres exstitit, utrumne suo
nomine an hereditario experiatur, ut ita possis animadvertere
exceptioni locus sit necne.

Si duo rei promittendi socii non sint, non proderit alteri
stip u lator alteri reo pecuniam debet. Ergo si socii sint,
hæc exceptio opponi potest in partem socii qui creditoris credi‑
tor est.

Solutio quidem ab uno facta omnes liberat, quia solutio
ipsam obligationem extinguit. Quibus autem modis, magis
persona ab obligatione eximitur, quam ipsa obligatio solvitur,.
uno ex reis liberato, cæteri non liberantur.

Hinc quum duo eamdem pecuniam debent, si unus capitis
diminutione exemptus est obligatione, alter non liberatur.
Multum enim interest utrum res ipsa solvatur, an persona libe‑
retur. Quum persona liberatur manente obligatione, alter durat
obligatus : et ideo si aqua et igni interdictum est alicui, fide‑
jussor postea ab eo datus tenetur, scilicet ab eo datus qui correo
suo deportato remanet obligatus.

Creditor prohiberi non potest exigere debitum, quum sint
duo rei promittendi ejusdem pecuniæ, a quo velit.

Consonat quod rescribunt Diocletianus et Maximianus :
Exprimere debueras tuis precibus utrumne in partem, an in
solidum singuli vos obligaveritis, ac duo rei promittendi exsti‑
teritis : quum, si quidem ab initio unusquisque pro parte sit

obligatus, egredi contractus fidem non possit ; si vero in solidum, electio rescripto adimi non debeat.

Si quis ex reis promittendi in solidum conventus debitum exsolvat, non habebit adversus alios actionem, nisi inter correos fuisset mandatum vel societas, aut nisi creditor, quod facere cogitur, offerenti solutionem actiones suas cesserit. Correus promittendi *solvens*, qui per cessionem actionum agit, habet recursum ad totum, adempta tamen parte sua : qui autem solvens agit actione *pro socio*, contra quemque reorum promittendi pro parte socia tantum recurrit.

Si vero reus promittendi qui solvit cum creditore convenerit, ut actiones præstaret, creditor quodammodo non in solutum accepit, sed nomen debitoris vendidit (L. 36, *De fidej.*) ; et ita qui solvit, potest adversus correos regredi quasi si mandatum creditoris acceperit.

Reus vero stipulandi qui totum suscepit debitum, partem cum alteri communicare debet si socii sint, contra, non.

In hac lege : « Et ideo, si probaveris te conventum, in solidum exsolvisse : rector provinciæ juvare te adversus eum, cum quo communiter mutuam pecuniam accepisti, non cunctabitur » Correi, igitur erant socii. Alioquin, nisi fuissent socii, non putat Vinnius ei qui solidum solvisset, competere potuisse actionem adversus alterum ad dimidiam recipiendam, non magis quam fidejussori adversus confidejussorem competit.

Quæritur an hi correi beneficium divisionis habent. Ea de re ita Marcellus : « Quum apparebit emptorem conductoremve (dicit emptorem conductoremve pro venditorem et locatorem) pluribus vendentem vel locantem, singulorum in solidum intuitum personam : ita demum ad præstationem partis singuli sunt compellendi, si constabit esse omnes solvendo. Quanquam fortasse justius sit, etiamsi solvendo omnes erunt, electionem conveniendi quem velit, non auferendam actori, si actiones suas adversus cæteros præstare non recuset. »

Beneficium divisionis introductum fuerat ab Adriano, sed tantum erga fidejussores. Ex novella XCIX, correi alterna fidejussione obligati, id est, qui invicem alter pro altero fidejusserunt et solvendo sunt, habent inter se beneficium divisionis, nisi specialiter convenerit ut non haberent.

Non autem consentiunt, an eos tantum qui alterna vice fidejusserunt, aut quoscumque correos hæc novella spectet. Plurimi sentiunt omnibus correis, etiamsi fidejussores mutui non sint, hoc beneficium competere.

Etenim, erga creditorem, correi quasi mutui fidejussores sunt, et licet inter eos spectandum sit an socii sint, necne, idem stipulandi reo commodum erit. Animadvertendum est, inter eos tantum qui solvendo sunt et præsentes actiones dividi; si vero minus idonei se habere reliqui videantur, sive omnes, sive quidam, in illud teneri qui solvendo sunt quod ab aliis accipi non potuit; sic enim nullum sustinebit damnum actor, et unusquisque tenebitur in id quod ab initio scripserit.

Circa correorum naturam observandum superest quod definivit Justinianus : scilicet ut, si unus ex correis stipulandi unum ex correis debendi interpellet; vel unus ex correis debendi erga unum ex correis stipulandi debitum agnoscat : hoc et omnibus correis stipulandi, et adversus omnes correos debendi prosit (puta ad interpellandam præscriptionem triginta annorum).

POSITIONES.

I. Dies, vel conditio, vel locus unius promissioni additus non impedit quin rei promittendi sint.

II. Item si modicus actus, vel modicum temporis intervallum intercesserit.

III. Correi promittendi beneficium divisionis non habent.

IV. Acceptilatio aut novatio omnium reorum intuitu obligationem perimit.

V. Utile est correos promittendi invicem fidejubere.

VI. Circa stipulationes dividuas, an solutio potest non esse tota ?

DROIT FRANÇAIS.

DES OBLIGATIONS SOLIDAIRES ET DES OBLIGATIONS DIVISIBLES ET INDIVISIBLES.

(Code Nap., art. 1197-1225.)

Les obligations considérées quant au nombre des créanciers et des débiteurs se divisent d'abord en obligations uniques et obligations multiples.

On dit qu'une obligation est unique ou simple lorsqu'elle est imposée à un seul débiteur, en faveur d'un seul créancier ; multiple lorsqu'elle est établie au profit de plusieurs créanciers, ou imposée à plusieurs débiteurs.

L'obligation multiple se subdivise elle-même en disjointe et conjointe, suivant que la qualité de créancier et de débiteur appartient à plusieurs personnes alternativement, ou qu'elle leur appartient simultanément.

Enfin l'obligation conjointe est tantôt conjointe purement et simplement, c'est le droit commun ; tantôt solidaire, c'est alors l'exception. Elle est conjointe purement et simplement lorsque chaque créancier ne peut exiger; chaque débiteur n'est tenu de payer que sa part virile de la créance ou de la dette commune.

Elle est solidaire lorsque la totalité de l'objet dû (*solidum*) peut, en vertu du titre constitutif ou d'une disposition formelle de la loi, être demandée par l'un quelconque des cocréanciers à l'un quelconque des codébiteurs, sauf, après le payement, le partage du profit ou du déboursé entre tous les intéressés.

Les obligations indivisibles que nous traiterons plus loin ont avec les obligations solidaires ce point de similitude que dans les unes et les autres la totalité de l'objet dû peut être exigée par l'un quelconque des cocréanciers de l'un quelconque des codébiteurs; mais il y a entre ces deux espèces d'obligations des différences notables que nous indiquerons plus tard.

DES OBLIGATIONS SOLIDAIRES.

La solidarité peut exister soit entre plusieurs créanciers, soit entre plusieurs débiteurs. Dans le premier cas on l'appelle solidarité active, et dans le second solidarité passive.

La solidarité active n'existe jamais que quand elle est écrite dans le titre constitutif de la créance; la solidarité passive, au contraire, peut résulter soit de la volonté de l'homme manifestée par une convention ou un acte de dernière volonté, soit, de plein droit, des dispositions de la loi.

SECTION Ire.

De la solidarité entre créanciers ou solidarité active.

Lorsqu'une personne contracte l'obligation d'une seule et

même chose envers plusieurs, chacun de ceux envers qui elle l'a contractée n'est créancier de cette chose que pour sa part. Tel est le droit commun ; mais la loi permet d'y déroger par une clause expresse. Les stipulants peuvent s'associer, réunir toutes leurs créances en une seule, de manière que chacun d'eux soit créancier pour le total et que néanmoins le payement fait à l'un d'eux libère le débiteur envers tous. C'est là la solidarité active.

Les obligations solidaires dans notre droit français répondent, mais sans qu'il y ait parfaite analogie, aux contrats énoncés en droit romain au titre *de duobus reis promittendis et stipulandis.*

Entre débiteurs, la solidarité est très-fréquente, et cela parce qu'elle peut être très-utile ; entre créanciers au contraire elle est fort rare, parce qu'elle ne présente aucune utilité pratique. En effet, par un mandat réciproque mais révocable, le même résultat peut être atteint par la solidarité entre créanciers, sans présenter les mêmes inconvénients.

En droit romain, chacun des *correi stipulandi* était considéré individuellement comme maître absolu de la créance, et de ce principe, qui découlait des rigueurs du système formulaire, il résultait que chacun des cocréanciers avait le droit de disposer de la créance, de l'éteindre par acceptilation, de la nover, d'en recevoir le payement intégral, sans être tenu de rendre compte à ses cocréanciers, à moins qu'il n'existât entre eux des conventions spéciales, une société par exemple. Mais notre Code s'est écarté tout à fait en cette matière des principes du droit romain et de ses conséquences exorbitantes : la loi faisant intervenir entre les créanciers solidaires l'idée d'un mandat tacite donné pour le bénéfice de la créance, refuse à chacun le pouvoir de disposer individuellement de la totalité de la créance et n'attribue à chacun d'eux, pour ce qui excède sa part, que les droits résultant du mandat à l'effet de poursuivre et recevoir ce qui est dû aux autres.

Voyons maintenant quels sont les effets de la solidarité active : 1° dans les rapports de chacun des créanciers solidaires avec le débiteur ; 2° dans les rapports des créanciers solidaires entre eux.

§ 1er. — Des effets de la solidarité active dans les rapports de chacun des créanciers avec le débiteur.

Ainsi que nous l'avons dit, la loi présume entre les divers créanciers solidaires l'existence d'un mandat, d'une société. De là nous tirerons cette règle générale : que chacun des créanciers peut faire tous les actes nécessaires pour conserver, améliorer et recouvrer la créance, et qu'il ne peut au contraire faire aucun acte qui préjudicierait au droit de ses cocréanciers. Passons rapidement en revue et les actes que le créancier peut faire comme représentant de ses cocréanciers, et ceux qu'il ne peut faire sans outrepasser son mandat.

1° Il peut recevoir le payement intégral et donner quittance ; en effet il est de l'essence de la solidarité que le payement fait à un seul libère le débiteur envers tous les autres. Il n'y avait qu'une seule dette : une fois payée, elle est éteinte complétement.

Le débiteur peut opposer à chacun des créanciers les circonstances qui tiennent lieu de payement ; ainsi il peut invoquer contre le créancier qui le poursuit, la compensation de ce que lui doit ce créancier. Mais peut-il opposer la compensation de ce qui lui serait dû par un des autres créanciers ? Il y a trois systèmes différents sur cette question : 1° de même que le débiteur solidaire ne peut, d'après le 3° de l'art. 1294, opposer la compensation de ce que le créancier doit à son codébiteur, de

même le débiteur ne peut opposer au créancier solidaire la
compensation de ce que lui doit un des autres créanciers, à lui
débiteur; 2° il peut opposer la compensation pour le tout : le
droit commun en matière de compensation, c'est l'art. 1290; il
n'y a pas de dérogation expresse à l'égard de la dette due à
plusieurs créanciers solidaires, il faut donc l'appliquer. D'ailleurs, si le débiteur solidaire ne peut opposer la compensation
de ce qui est dû à l'un de ses codébiteurs, c'est parce qu'il est
étranger aux rapports qui peuvent exister entre le créancier et
un des débiteurs, et que ce n'est pas à lui en définitive que
profitera la compensation ; ici, au contraire, le débiteur oppose
ses propres rapports avec un tiers associé du créancier demandeur ; 3° enfin un dernier système permet d'opposer la compensation pour la part seulement du créancier, débiteur du débiteur, dans l'obligation ; car, pour cette part, le créancier agissant n'est au fond réellement qu'un mandataire.

2° Chacun des créanciers solidaires peut intenter des poursuites pour le total contre le débiteur, et même, d'après l'art.
1198, les poursuites de l'un des créanciers ont pour effet
d'obliger le débiteur à payer ès-mains de ce créancier sans plus
pouvoir payer aux autres. C'est une décision que nos législa-
teurs ont emprunté au droit romain; mais ils n'ont pas donné
tout le système romain et l'ont par conséquent altéré. En effet,
si la demande de l'un des solidaires obligeait en droit romain
le débiteur à payer à ce demandeur, c'est qu'il y avait la novation résultant de la *litis contestatio*. La même raison n'existait
pas dans notre droit, et cependant on a admis la même décision.

3° Chaque créancier peut faire tous les actes tendant à la
conservation et à l'amélioration de la créance. Ainsi l'inscrip-
tion hypothécaire prise par lui, l'interruption de la prescription,
la demande d'intérêts, l'action en déclaration d'hypothèque, la

reconnaissance de la **dette** qu'il exige du débiteur, tous ces actes profiteront aux autres créanciers solidaires.

Si l'un des créanciers solidaires est mort laissant plusieurs héritiers, il faut, en raisonnant par analogie de l'art. 2249, dire que l'acte interruptif fait par l'un de ses héritiers ne profitera aux autres créanciers solidaires que jusqu'à concurrence de la part de cet héritier dans la succession du créancier décédé, et que l'interruption, pour être complète, devra ête faite par tous les héritiers.

Si la prescription ne pouvait courir contre un des créanciers, par exemple, pour cause de minorité ou d'interdiction, il ne faudrait pas en conclure qu'elle serait suspendue à l'égard des autres. C'est là une des différences entre le cas de solidarité et celui d'indivisibilité dans lequel on applique cette maxime : qu'en fait de prescription, le mineur relève le majeur, comme dans le cas de l'art. 710.

Le créancier n'a reçu mandat pour aucun des actes qui pourraient anéantir, dénaturer ou déprécier la créance. Par conséquent :

1° La remise de la dette qui n'est faite que par l'un des créanciers solidaires, ne libère le débiteur que pour la part de ce créancier.

Pothier disait (n° 260-4°) que chacun des créanciers l'étant pour le total, pouvait, avant qu'il eût été prévenu par les poursuites de quelqu'un de ses cocréanciers, faire remise de la dette au débiteur, et le libérer envers tous; car, disait-il, de même que le payement du total, fait à l'un des créanciers solidaires, libère le débiteur envers tous, de même la remise du total, qui tient lieu de payement, faite par l'un des créanciers, doit le libérer envers tous. *Acceptilatione unius tollitur obligatio* (l. 2, ff., *de duobus reis*). C'était la reproduction de la règle romaine, qui était une conséquence des paroles sacramentelles de la

formule de la remise. *Acceptumne habes?* disait le débiteur.
Acceptum habeo, répondait le créancier. Le créancier reconnaissant ainsi avoir reçu le tout, et ayant en effet qualité pour le recevoir, le débiteur était libéré pour le tout. Mais chez nous, où il ne doit plus rien rester des rigueurs du système formulaire, le cocréancier, maître absolu pour sa part, n'est plus, pour la part de ses coïntéressés, qu'un simple mandataire qui n'a pas le droit de faire un acte qui préjudicierait à ses mandants.

2° La novation consentie par l'un des créanciers solidaires, n'est point opposable aux autres. Il est évident en effet que le mandat pour recevoir une dette n'emporte pas le droit de la transformer en une autre dette.

3° L'un des créanciers solidaires ne peut pas transiger avec le débiteur sur la part de ses cocréanciers; et il en résulte, comme on le voit dans le 2° de l'art. 1365, que le serment déféré par l'un des créanciers solidaires, n'éteint la dette que pour la part de ce créancier. Le serment doit en effet être assimilé à une transaction contenant remise conditionnelle, et dont le créancier qui l'a déféré doit seul subir les conséquences.

Quid du jugement obtenu par le débiteur contre l'un des créanciers? Il devra, si je ne me trompe, avoir effet pour la créance entière, puisque ce jugement se trouve rendu contre tous les créanciers représentés par celui qui avait mandat d'agir pour eux. Il y aurait d'ailleurs trop d'inconvénients à ce qu'il en fût autrement. Toutefois, si le créancier s'était laissé condamner par collusion, ses cocréanciers pourraient faire tomber le jugement par la tierce opposition (C. pr., 474).

§ 2. — Des effets de la solidarité active dans les rapports des créanciers entre eux.

D'après le droit romain, comme nous l'avons déjà dit, celui

des créanciers solidaires qui avait le premier exercé des poursuites, profitait seul du payement. Chez nous, au contraire, les
créanciers solidaires étant considérés comme associés, chacun
n'est censé agir que *partim suo, partim procuratorio nomine,* et
celui qui a reçu le payement intégral a, comme mandataire,
l'obligation de rendre compte à ses cocréanciers des parts dont
ils doivent profiter dans la créance.

En principe, chacun des créanciers solidaires est présumé
avoir une portion égale dans la créance. Ce serait à celui qui
prétendrait avoir droit à plus forte part que sa portion virile, à
prouver l'inégalité d'intérêt. Il pourrait aussi se faire que l'opération fût personnelle à l'un des créanciers, les autres n'étant
qu'*adjecti solutionis gratia.* Celui-là pourrait alors retenir la
totalité du payement à lui fait, ou agir en restitution de la totalité contre le créancier qui aurait reçu le payement.

SECTION II.

De la solidarité entre débiteurs ou solidarité passive.

La solidarité entre débiteurs est stipulée dans la plupart des
contrats où plusieurs s'obligent conjointement; en effet, c'est le
créancier en général qui fait la loi, et elle lui procure un grand
avantage, puisqu'elle permet de poursuivre chaque obligé pour
le tout. Or, il vaut mieux avoir plusieurs débiteurs qu'un seul,
car les risques de l'insolvabilité des débiteurs sont en raison in-
verse du nombre des obligés solidaires. L'art. 1200 nous dit :
« Il y a solidarité de la part des débiteurs, lorsqu'ils sont obligés à une même chose, de manière que chacun puisse être con-
traint pour la totalité, et que le payement fait par un seul libère

les autres envers le créancier. Cette définition n'est pas suffisante; car elle est applicable aussi bien à l'obligation indivisible
qu'à l'obligation solidaire. Pour ne pas confondre ces deux
obligations, il faut de plus distinguer si c'est par la déclaration
soit du titre constitutif, soit de la loi, ou si c'est seulement par
la nature de l'objet dû, que chaque débiteur se trouve tenu pour
le tout. La solidarité entre débiteurs peut être conventionnelle
ou légale.

L'obligation solidaire est parfaite ou imparfaite : cette division, qui n'est pas écrite dans la loi, est utile pour l'intelligence
de certains cas. La solidarité est parfaite ou proprement dite,
lorsqu'elle produit tous les effets indiqués par la loi, en sorte
que non-seulement elle soumet chacun des débiteurs à la poursuite du créancier pour toute la dette, mais encore elle établit
entre eux un mandat *ad conservandam obligationem*, de façon
par exemple qu'en interrompant la prescription contre l'un
d'eux, le créancier l'interrompt par là même contre les autres,
parce qu'ils ont mandat de se dénoncer entre eux les poursuites
du créancier. La solidarité imparfaite est celle qui oblige bien
chacun des débiteurs pour la totalité de la dette, mais sans
qu'ils soient pour cela représentants les uns des autres, sans
que le créancier dès lors pût invoquer contre l'un l'interruption
de la prescription qu'il a réalisée contre l'autre. Dumoulin
disait à cet égard que le débiteur tenu dans la solidarité parfaite *in totum et totaliter*, est tenu dans la solidarité imparfaite
in totum seulement, mais non pas *totaliter*, non pas avec les circonstances que nous verrons énumérer dans notre section.

Lorsque la solidarité est conventionnelle, elle est parfaite,
parce que les débiteurs ne sont pas étrangers les uns aux autres
et qu'en contractant ensemble ils ont formé une sorte de société;
elle est généralement imparfaite au contraire lorsqu'elle est
légale. Mais cette règle n'est pas vraie d'une manière absolue.

Pour que l'obligation soit solidaire, il faut que les débiteurs se soient obligés chacun totalement à une même chose, mais il n'est pas nécessaire qu'ils soient obligés de la même manière. Ainsi l'un peut être obligé purement et simplement, tandis que l'autre l'est seulement sous condition ou avec un terme pour le payement (art. 1201). Mais n'est-il pas étrange qu'une seule et même obligation ait des qualités opposées, qu'elle soit pure et simple à l'égard d'un des codébiteurs par exemple et conditionnelle à l'égard des autres? Pothier (n° 263, *in fine*) répond à cette question : l'obligation solidaire est une à la vérité par rapport à la chose qui en fait l'objet, le sujet et la matière, mais elle est composée d'autant de liens qu'il y a de personnes différentes qui l'ont contractée; et ces personnes étant différentes entre elles, les liens qui les obligent sont autant de liens différents, qui peuvent par conséquent avoir des qualités différentes. C'est ce qu'enseignait aussi Papinien : *Et si maxime parem causam suscipiunt, nihilominus in cujusque persona propria singulorum consistit obligatio* (Dig., l. 9, § 2). L'obligation est une par rapport à son objet qui est la chose due; mais par rapport aux personnes qui l'ont contractée, on peut dire qu'il y a autant d'obligations que de personnes obligées, *tot vincula quot capita.*

Nous allons examiner successivement : 1° comment s'établit la solidarité entre débiteurs; 2° quels sont les effets de la solidarité dans les rapports du créancier avec les débiteurs; 3° quelles sont les exceptions que les débiteurs peuvent opposer; 4° quels sont ses effets dans les rapports des débiteurs entre eux.

§ 1er. — Comment s'établit la solidarité entre débiteurs.

La solidarité stipulée aggrave la situation du débiteur; aussi ne se présume-t-elle pas ; c'est au créancier à prouver qu'elle existe, et faute de cette preuve on reste dans le droit commun et la dette se divise entre les débiteurs. Il faut qu'elle soit expressément stipulée (art. 1202). Elle peut d'ailleurs résulter, soit des actes entre vifs, soit des actes de dernière volonté. Comme nous l'avons vu en droit romain, la solidarité pouvait être stipulée dans tous les contrats, de quelque espèce qu'ils fussent. Il en est de même sous le Code. Il faut qu'il n'y ait aucun doute sur l'intention des contractants; mais il n'y a pas de termes sacramentels à employer. La règle précédente ne reçoit exception que dans le cas où la solidarité a lieu de plein droit, en vertu d'une disposition de la loi. Nous allons voir, en effet, dans plusieurs articles tant du Code Nap. que du Code de commerce ou du Code pénal, certaines classes de débiteurs que la loi a déclarés solidairement tenus. C'est ici que nous allons faire ressortir la division que nous avons établie entre la solidarité parfaite et la solidarité imparfaite.

Ainsi nous verrons la solidarité parfaite dans les cas suivants :

1° Entre co-mandants (art. 2002). Le mandat est contracté dans l'intérêt unique des mandants, et il était juste de donner au mandataire autant de garantie que possible. Si donc il y a insolvabilité d'un des mandants, les autres seront tenus solidairement.

La même décision s'appliquerait bien, en faveur du dépositaire, contre plusieurs personnes qui auraient déposé un même objet; le dépositaire n'est pas moins digne de faveur que le mandataire. Le gérant d'affaires sans mandat, quoique agissant dans un but de bienfaisance, ne pourrait au contraire assimiler sa position à celle du mandataire. Quant aux co-mandataires, il est vrai que chacun doit rendre compte au mandant de toute l'opération, mais ils ne sont pas pour cela solidaires, et s'il y avait lieu à dommages-intérêts, ils se diviseraient entre eux.

2° Entre plusieurs commodataires (art. 1887). Le commodat étant un contrat de bienfaisance qui n'a lieu que dans l'intérêt des commodataires, il est bien juste que l'on assure le plus possible au prêteur la conservation de sa chose. La solidarité est parfaite dans ce cas, parce qu'on doit supposer que chacun des commodataires a consenti à représenter l'autre vis-à-vis du prêteur.

3° Entre coassociés, en cas seulement de société commerciale (art. 22-24, Code comm.). Cette solidarité a été établie dans le but de donner un grand crédit aux sociétés commerciales, d'où l'on peut induire qu'elle est parfaite et produit tous ses effets. Du reste, elle ne peut se rencontrer que dans les sociétés en nom collectif et dans la société en commandité, mais contre les commandités seulement. Pour ce qui est des sociétés en participation, la loi n'en parle pas; on ne saurait donc la présumer.

Pothier décidait que deux marchands qui achètent ensemble une partie de marchandises, quoiqu'ils n'aient d'ailleurs aucune société entre eux, sont censés associés pour cet achat, et comme tels obligés solidairement, quoique la solidarité ne soit pas exprimée (n° 266-3°). Notre Code de commerce n'a pas reproduit cette décision, et son silence nous fait conclure que la solidarité ne doit pas plus se présumer en droit commercial qu'en droit civil. La question, toutefois, est vivement controversée.

4° Entre la mère tutrice et le second mari (art. 395 et 396). Soit que la mère tutrice se remarie sans avoir réuni le conseil de famille pour se faire confirmer dans la tutelle, le second mari devient avec elle solidairement responsable de toutes les suites de son indue gestion; soit que la tutelle ait été confirmée à la mère qui a convolé, le mari, cotuteur de droit, est solidairement avec elle responsable de la gestion postérieure au mariage.

On devait, en effet, protéger le plus possible les enfants contre
la convoitise possible du second mari.

5° Entre le tuteur et le subrogé tuteur, pour défaut d'inventaire (art. 1442). Le tuteur est ici l'époux survivant que la loi
punit de n'avoir point fait inventaire, en lui faisant perdre
l'usufruit des biens de ses enfants mineurs, et, en outre, en le
rendant solidaire, avec le subrogé tuteur qui ne l'y a point con-
traint, pour toutes les condamnations qui peuvent être prononcées au profit des mineurs.

6° Entre les exécuteurs testamentaires (art. 1033). On peut,
en effet, regarder comme réciproquement mandataires, pour
le compte qu'ils ont à rendre du mobilier qui leur a été confié,
les exécuteurs testamentaires qui ont accepté leur mission indivise. Le créancier ne doit point souffrir de la mauvaise gestion de l'un d'eux.

7° Entre les individus condamnés pour un même crime ou
pour un même délit (art. 55, Code pénal). Ils sont tous tenus
solidairement des amendes, restitutions, dommages-intérêts et
frais. Ils ont formé une sorte d'association pour le méfait : la
loi a dû se montrer sévère à leur égard et les a associés pour la
réparation. Cette solidarité n'a-t-elle pas quelque chose d'exor-
bitant en ce qui concerne l'amende, qui est une peine ? Il est
de principe, en droit pénal, que les peines ne doivent atteindre
que ceux contre qui elles ont été prononcées. Or, il ne paraît
guère plus rationnel d'imposer à différents coupables la solidarité pour le payement de l'amende, qu'il ne le serait de la leur
imposer pour l'emprisonnement ou les autres peines corpo-
relles. Au surplus, le lien de la solidarité établie par l'art. 55,
en faveur du Trésor public, ne fait pas obstacle à ce que les
condamnations soient proportionnées aux différents degrés de
culpabilité. Mais notre article est-il applicable aux délits civils
et quasi-délits? C'est-à-dire appliquerons-nous, dans ce cas, la

solidarité au payement de l'amende ? Cela est impossible. C'est une disposition de droit strict, et le Code pénal ne peut recevoir d'extension. Il est vrai que les délits criminels constituent souvent des délits civils ; mais il peut en être autrement, et il y a des délits civils, le stellionat, par exemple, qui ne sont pas des délits criminels. Comme il n'existe aucun texte de loi qui constitue les condamnés débiteurs solidaires, si les auteurs d'un délit civil sont solidairement tenus de la réparation d'un dommage, ce ne peut être que dans le sens d'une solidarité imparfaite, et plutôt comme cautions que comme débiteurs solidaires (art. 2026 et 2027).

Dans les deux derniers cas auxquels nous arrivons, comme il n'y a possibilité de sous-entendre aucune société, aucun mandat entre les divers obligés, le mot *solidairement* doit s'interpréter en ce sens seulement que chacun est tenu pour le tout.

1° Entre les divers locataires (art. 1734). Chacun des locataires est, en cas d'incendie, présumé en faute pour le tout. C'est à lui à prouver que la faute ne lui est pas imputable : jusqu'à cette preuve, le propriétaire, en vertu même de son contrat, peut lui demander la réparation *in solidum* du dommage. Cette solidarité est fondée sur une présomption de négligence qui pèse indistinctement sur tous les locataires, quand on ne sait pas quel est le coupable. Lors de sa rédaction, cet article fut vivement critiqué comme trop sévère, et, en effet, la solidarité peut être ici bien injuste. Le propriétaire pourra contraindre chaque locataire à l'indemniser pour le total, sauf au locataire qui aura payé à recourir contre ses colocataires. D'où il résultera que souvent le propriétaire seul ne perdra rien dans le désastre commun, et que les conséquences de la faute pourront bien rester à la charge de celui qui ne l'a pas commise. Mais on ne saurait voir dans ces locataires des mandataires réciproques et leur appliquer les règles rigoureuses de la solidarité parfaite contenues aux art. 1205, 6 et 7.

2° Entre les divers signataires d'effets transmissibles par endossement (art. 118, 142-2°, 187, Code comm.). La loi a en effet établi une solidarité entre les tireurs, endosseurs, accepteurs, donneurs d'aval d'une lettre de change ou d'un billet à ordre ; ils sont tous solidairement tenus envers le porteur, mais cette solidarité s'écarte beaucoup de celle du droit commun ; d'abord, en droit commun, le créancier peut choisir le débiteur qu'il veut pour lui réclamer le montant de sa dette, tandis que dans l'hypothèse de lettre de change, le porteur ne peut s'adresser qu'au tiré ; de plus cette solidarité ne se répartit pas, mais elle remonte de l'un à l'autre jusqu'au tireur, qui est véritablement le seul débiteur responsable.

§ 2. — Des effets de la solidarité dans le rapport du créancier avec les débiteurs.

Nous allons voir, dans les art. 1203, 5 et 6, les dérogations au droit commun qui résultent de la solidarité passive en faveur du créancier.

1° Le créancier a le droit d'exiger du débiteur qu'il veut choisir le total de l'obligation (1200). Bien entendu, le payement fait par un seul des débiteurs libère tous les autres.

2° Il peut choisir celui des débiteurs qu'il veut, sans que celui-ci puisse lui opposer le bénéfice de division (1203).

Sous ce rapport, la situation du débiteur est inférieure à celle de la caution, qui peut exiger que le créancier divise son action entre toutes les cautions solvables (2025 et 2026). A défaut du bénéfice de division, le débiteur poursuivi peut du moins appeler ses codébiteurs en garantie, et faire statuer par un même jugement, tant sur la demande principale que sur la demande récursoire. Mais, vis-à-vis du créancier, il sera toujours condamné pour le tout, car il est à son égard obligé au tout.

Certains jurisconsultes pensaient, autrefois, que le débiteur solidaire pouvait, comme les cautions, invoquer le bénéfice de division, c'est-à-dire, renvoyer le créancier en lui offrant sa part de la dette, à demander le reste aux autres débiteurs, pour ne lui payer le tout qu'autant que ceux-ci seraient insolvables. Nos rédacteurs, partant de l'idée puisée dans Dumoulin, que l'obligé solidaire est tenu *et in totum et totaliter*, qu'il est chargé de répondre aux poursuites au nom de tous ses codébiteurs, ont consacré l'opinion de Pothier, en refusant expressément au débiteur ce bénéfice de division (n° 270).

L'art. 1204, qui dit que les poursuites exercées contre l'un des débiteurs n'empêchent pas le créancier d'en exercer de pareilles contre les autres, n'est qu'une abrogation du vieux droit romain. D'après ce droit, dès lors que le créancier avait dirigé son action contre l'un des débiteurs, tous les autres étaient libérés ; c'était un effet de la novation contenue dans la *litis contestatio*. L'action éteignait la créance originaire, en même temps qu'elle donnait naissance à une créance nouvelle ; or cette créance nouvelle ayant son principe dans l'action même, ne pouvait exister que contre celui des débiteurs qui y était nommément désigné, d'où la libération des autres débiteurs qui n'y étaient point nommés. Cette novation judiciaire, déjà abrogée par Justinien, n'a jamais été admise dans notre droit français. Mais notre Code, à l'exemple de Pothier, a dû, afin de prévenir toute espèce de doute à cet égard, réserver le droit du créancier.

3° Le créancier conserve, lorsque la chose due a péri par la faute ou pendant la demeure de l'un ou de plusieurs des débiteurs solidaires, le droit d'agir contre tous les débiteurs jusqu'à concurrence de la valeur de la chose. Mais le débiteur qui était en faute est seul tenu des dommages-intérêts (art. 1205).

D'après le droit commun, qui est l'art. 1302, si la chose due vient à périr sans le fait ou la faute du débiteur, ou sans qu'il soit en demeure (car la demeure est assimilée à la faute), cette perte libère le débiteur. Les codébiteurs qui ne sont pas en faute devraient donc se trouver libérés. Mais il n'en est pas ainsi, et c'est là ce qui constitue la dérogation au droit commun. L'article 1205, consacrant la théorie introduite par Dumoulin et suivie par Pothier, pour concilier deux lois romaines (18, *de duobus reis*, et 32, 4, *de usuris*), décide que la perte arrivée par la faute ou par le fait de l'un des débiteurs solidaires, laisse subsister l'obligation contre tous, parce que les solidaires sont représentants les uns des autres, *ad perpetuendam obligationem ;* et qu'au contraire, les dommages-intérêts qui peuvent s'ajouter à l'obligation par le fait ou la faute de l'un d'eux, restent sa dette propre et ne sont pas dus par ses codébiteurs, parce qu'ils ne sont pas représentants les uns des autres *ad augendam obligationem* (Pothier, n° 273).

Si l'un des débiteurs solidaires était décédé laissant plusieurs héritiers, et que la chose due ait péri par la faute de l'un de ces héritiers, chacun des débiteurs primitifs restera tenu de la valeur, mais pour une part égale seulement à la portion héréditaire de l'héritier coupable. Quant aux cohéritiers, la solidarité n'ayant point passé contre eux, ils sont libérés.

Que décider s'il y a clause pénale stipulée pour le cas d'inexécution par suite de la faute ou de la mise en demeure de l'un des débiteur? Pothier, considérant cette clause comme une obligation conditionnelle, contractée par tous les débiteurs pour le cas d'inexécution, et ne voyant point, par conséquent, d'accroissement de l'obligation consentie, décide que chacun sera tenu pour le tout des dommages et intérêts stipulés. Le Code ne tranche pas cette question d'une manière très-explicite, mais nous le verrons, dans l'art. 1207, faire l'application de la décision de Pothier pour les intérêts moratoires de sommes d'argent, lesquels étant des dommages-intérêts fixés à l'avance par la loi (art. 1153), sont considérés par elle comme une clause pénale tacitement comprise dans le contrat.

4° Il suffit de mettre en demeure l'un des débiteurs pour que tous le soient également.

5° Les poursuites faites contre l'un des débiteurs solidaires interrompent la prescription à l'égard de tous (art. 1206). Chacun des débiteurs solidaires étant mandataire de tous *ad perpetuandam obligationem*, il est clair que les poursuites dirigées contre un seul arrêtent aussi bien la prescription contre les autres que contre lui-même, et qu'il en serait de même de sa reconnaissance de la dette (art. 2249-1°). Que si l'interruption, au lieu de s'accomplir pour l'un des codébiteurs, ne s'accomplissait que pour l'un des héritiers d'un codébiteur, la dette, toute solidaire qu'elle est, s'étant divisée entre les héritiers du défunt, l'interruption n'aurait effet contre les autres débiteurs que pour la part pour laquelle l'héritier représente le défunt. Pour qu'il y eût interruption, quant à la dette entière, il faudrait que cette interruption s'accomplît contre tous les héritiers du codébiteur défunt (art. 2249, al. 2, 3 et 4). Ainsi, l'interpellation faite à l'un des débiteurs primitifs ne nuira pas aux héritiers du prédécédé qui ne sont pas solidaires, et l'interpellation faite à l'un des héritiers ne nuira pas aux cohéritiers, et ne nuira aux codébiteurs que pour la part de l'héritier interpellé dans la succession de son auteur.

6° La demande en justice formée contre l'un des débiteurs solidaires fait courir les intérêts à l'égard de tous (art. 1207). Cette décision paraît en contradiction avec celle de Pothier reproduite par l'art. 1205, et qui consiste à dire que les débiteurs solidaires ne sont représentants les uns des autres que *ad perpetuandam obligationem*. Mais, selon nous, la raison de notre article est que les intérêts de l'argent dans les obligations de sommes, étant les dommages-intérêts fixés à l'avance par la loi, on peut dire qu'il y a, quant à eux, une clause pénale tacitement stipulée, en sorte que leur dette, quand elle vient à se réaliser, n'excède pas les limites de la convention primitive, et peut être étendue à tous les débiteurs par la mise en demeure d'un seul. Et puis, si la demande en justice n'eût fait courir les intérêts que contre le débiteur actionné, le créancier aurait eu intérêt à former autant de demandes qu'il y aurait eu de débiteurs; de là, des frais considérables dont les débiteurs eussent été victimes! C'est par le même motif d'économie que la loi a conservé la règle que les poursuites dirigées contre l'un des débiteurs solidaires interrompent la prescription contre tous.

La demande d'intérêts formée contre un seul des débiteurs étant légalement faite contre tous, il s'ensuit, selon nous, que si l'un des autres n'est obligé que sous condition ou à terme, les intérêts n'en seront pas moins dus par lui une fois que le terme sera échu, ou si la condition vient à s'accomplir. La demande, en effet, s'est trouvée formée et a produit son résultat aussi bien contre lui que contre les autres, sauf, bien entendu, le bénéfice de la condition ou du terme, c'est-à-dire que les intérêts ne commenceront à courir qu'après l'échéance du terme ou l'avénement de la condition.

§ 3. — Quelles exceptions peut opposer chacun des débiteurs.

Le mot *exception*, dans le Code Nap., a un tout autre sens que dans le Code de procédure; dans le Code Nap. il a un sens technique, tandis que dans le Code de procédure c'est l'ensemble d'un moyen de défense, moyen pris en dehors de la question. Dans notre matière, le mot *exception* est pris *lato sensu*, il veut dire tous les moyens de défense. L'art. 1208 permet au débiteur solidaire d'opposer toutes les exceptions qui sont inhérentes à

32   6

la dette ou communes à tous les débiteurs, sans qu'il puisse se prévaloir de celles qui sont personnelles aux autres débiteurs. Le Code distingue donc trois catégories d'exceptions.

1° Exceptions résultant de la nature de l'obligation.

Ce sont celles qui sont fondées sur l'inexistence ou la nullité de la dette, qui consistent par exemple à dire que l'obligation est nulle, soit parce qu'elle manque de cause ou d'objet, soit parce que sa cause est illicite ou contraire aux bonnes mœurs, soit parce que son objet est illicite ou hors de commerce, soit enfin parce que les solennités nécessaires à sa validité n'ont pas été observées. On les appelle réelles parce que portant sur la dette elle-même, elles sont absolues, c'est-à-dire opposables par tous les débiteurs. Ainsi, les exceptions qui résultent de la nature de l'obligation sont des exceptions *communes*, chacun des débiteurs peut, quand il est poursuivi, les opposer au créancier.

2° Exceptions personnelles à l'un des débiteurs.

Elles ne peuvent être invoquées que par celui en la personne de qui elles ont pris naissance. Mais les diverses exceptions personnelles ne doivent pas être mises toutes sur la même ligne ; et notre article a tort de ne pas exprimer clairement la distinction que le second alinéa semble indiquer entre les exceptions personnelles *lato sensu* et les exceptions *purement personnelles.*

Les exceptions purement personnelles sont celles qui sont exclusivement propres à l'un des codébiteurs, et que les autres ne peuvent nullement invoquer, qui tiennent à la qualité du débiteur et qui ne tombent sur l'obligation que par contre-coup, pour ainsi dire, et par suite de cette qualité : telle est l'incapacité de la personne résultant de sa qualité de mineur, d'interdit, de femme mariée. Les codébiteurs ne peuvent, en effet, offrir de prouver qu'ils ont ignoré que leur coobligé était mineur ou interdit ou sous puissance de mari ; cette preuve n'est pas admissible, car les actes de l'état civil fournissent un moyen facile de connaître l'état des personnes avec lesquelles on se met en relation d'affaires : *nemo ignarus esse debet conditionis ejus cum quo contrahit.* La cession de biens que le débiteur serait autorisé à faire, le terme ou la condition qu'il aurait stipulés ; son défaut de consentement pour erreur , violence ou dol, si ce vice de consentement était connu des codébiteurs, car autrement cette exception serait simplement personnelle, etc.

Les exceptions personnelles, dans un sens moins rigoureux, sont celles que l'un des obligés peut seul opposer pour le tout, mais que ses coobligés peuvent invoquer pour sa part de la dette, comme l'expliquait Pothier. Tels sont la remise que le créancier lui aurait faite de sa part, le payement, la novation, la dation en payement que le créancier aurait acceptée pour la part de ce codébiteur (art. 1211), la compensation que ce débiteur pourrait opposer tant qu'elle n'a pas été opposée par lui-même sur des poursuites dirigées contre lui (art. 1294, al. 3), et aussi la confusion.

3° Exceptions communes à tous les débiteurs.

Ce sont celles qui sont fondées sur une cause légitime d'extinction de la dette. Ainsi : 1° le payement effectué, soit directement, soit par équivalent (au moyen d'une dation en payement, d'une novation , de la compensation opposée par le débiteur poursuivi). Evidemment, lorsque la dette est éteinte, il ne peut plus y avoir de débiteurs ; 2° la perte de la chose due, lorsque cette perte ne peut être attribuée à aucun des débiteurs ; 3° l'accomplissement d'une condition résolutoire ou l'accomplissement d'une condition suspensive portant sur l'obligation même ; 4° la prescription accomplie ; 5° la remise que le créancier aurait faite de la dette totale ; 6° le jugement rendu contre le créancier en faveur d'un des débiteurs solidaires, pourvu qu'il ait été basé sur des moyens communs, etc.

En écrivant l'art. 1208, les rédacteurs du Code, qui ne voulaient que consacrer et généraliser ce que Pothier disait dans ses nᵒˢ 274 et 275, sont tombés dans une formule très-vague et peu méthodique. Pour bien comprendre leur pensée, il faut recourir aux décisions que le célèbre jurisconsulte précisait et détaillait pour quelques cas particuliers et qu'ils ont voulu compléter par les principes plus larges de notre article.

On peut d'abord critiquer la division des exceptions en trois catégories, et dire que la première catégorie, c'est-à-dire celle des exceptions résultant de la nature de l'obligation, rentre nécessairement dans les deux autres. En effet, alors même que l'obligation se trouve nulle pour un vice radical qui l'affecte dans son. essence même, par exemple pour erreur ou violence, il est clair que ce vice a existé ou en même temps pour chacun des débiteurs, en sorte que l'exception sera commune à tous, ou seulement pour un ou quelques-uns, en sorte que l'exception serait personnelle à ceux-ci. Que si l'on veut, avec M. Duranton, n'appeler *exceptions résultant de la nature de l'obligation* que celles tenant à un vice qui produit nécessairement son effet pour tous les débiteurs, comme le défaut de cause ou d'objets licites (quoique les vices d'erreur ou de violence tiennent tout autant que ceux-ci à la nature de l'obligation), il est clair que ces exceptions rentreront toutes dans la troisième classe, qu'elles seront toutes communes aux divers débiteurs. Dans ce système, qui est adopté positivement par Zachariæ (II, p. 268 et 269) et tacitement par Toullier (VI, 737), il ne peut donc exister que deux classes d'exceptions : les exceptions absolues, générales, *communes;* les exceptions relatives, particulières, *personnelles.*

Nous avons indiqué *la compensation* comme pouvant procurer tantôt une exception commune, tantôt une exception personnelle, suivant qu'elle est absolue ou relative. Le débiteur poursuivi peut opposer la compensation de ce que lui doit le créancier, mais pourrait-il également opposer la compensation de ce que doit le créancier à son codébiteur ? L'art. 1294 décide la négative. Croyant sans doute appliquer ici la loi romaine (10, *de duobus reis*), le Code a précisément édicté tout le contraire. En effet, Papinien dit bien que la compensation ne peut être opposée du chef d'un codébiteur, mais s'il n'y a pas société ; donc, s'il y a société, la compensation peut être invoquée. Or, en droit français, les débiteurs solidaires sont toujours présumés associés. En outre, permettre au débiteur poursuivi d'opposer la compensation du chef de son codébiteur, au moins pour la part de ce débiteur, eût évité un circuit d'actions du créancier contre un des débiteurs, du débiteur poursuivi contre son codébiteur, et de ce codébiteur contre le créancier.

La novation. — C'est une exception commune à tous les débiteurs, qu'elle libère comme le payement. Même, d'après l'article 1280, s'il y a novation entre le créancier et l'un des débiteurs solidaires, les priviléges et hypothèques qui garantissaient l'ancienne créance ne peuvent être réservés que sur les biens de celui qui contracte la nouvelle dette.

La prescription. — C'est aussi une exception commune à tous les débiteurs, puisque la dette est présumée éteinte. Cependant, si les débiteurs étaient tenus sous diverses modalités, la prescription pourrait être acquise aux uns plutôt qu'aux autres. Le serment déféré à l'un des débiteurs profitera à tous les codébiteurs, soit qu'il ait été prêté sur la question de savoir si la dette existait, ou seulement si elle était solidaire. Mais le serment déféré par le débiteur poursuivi au créancier ne pourrait nuire aux codébiteurs.

Quant à la chose jugée, elle peut, selon nous, être invoquée tant par le créancier contre tous les débiteurs, que par tous les débiteurs contre le créancier. En effet, le créancier a obtenu gain de cause pour la totalité de la dette ou a perdu pour la totalité. On ne saurait donc dire que le créancier a entendu faire remise de sa part au débiteur poursuivi pour le cas où celui-ci triompherait, puisqu'il lui demandait, non pas sa part, mais la totalité.

La confusion. — C'est là une exception personnelle, mais non pas purement personnelle. L'article 1209, qui formule la règle relative à la confusion, a été copié par nos rédacteurs au n° 276 de Pothier; mais cet article est incomplet, car il ne prévoit que les cas où le codébiteur se trouve substitué au créancier, ou le créancier au codébiteur, *pour le tout*, comme héritier *unique*, sans parler du cas non moins fréquent où l'un ne deviendrait que pour partie le représentant de l'autre.

Si l'un des débiteurs devient héritier du créancier, la confusion ne profite à ses cooligés que pour la part qu'il devait supporter. Si le créancier devient unique héritier d'un des débiteurs, il ne peut agir contre les autres que déduction faite de la part dont il est actuellement tenu.

Si la confusion n'a eu lieu que pour partie, le calcul est un peu plus compliqué, mais ce sont toujours les mêmes principes. Ainsi, que l'un de trois débiteurs solidaires meure laissant trois héritiers, dont l'un est le créancier, il y aura confusion pour 1/9 seulement; en sorte que ce créancier pourra demander 8/9 à l'un ou à l'autre des deux autres débiteurs. Quant à ses cohéritiers, il ne pourra, bien entendu, leur demander que 1/9, la solidarité ne passant pas, comme l'indivisibilité, aux héritiers de celui qui y était soumis.

La remise volontaire. — C'est une exception commune ou une exception personnelle, suivant qu'elle est absolue ou relative. Remarquons que si le créancier, traitant avec un seul de ses débiteurs, a seulement déclaré faire remise de la dette sans s'expliquer sur le caractère absolu ou relatif qu'il entendait donner à cette remise, la présomption sera que le créancier a renoncé à sa créance d'une manière absolue : ainsi le décide l'art. 1285-1°; la présomption contraire eût cependant été plus naturelle, car une libéralité ne se présume pas : *nemo facile donare præsumitur.* Lorsque la remise est relative, c'est-à-dire lorsque le créancier renonce à sa créance dans l'intérêt d'un des débiteurs seulement, cette remise est personnelle à celui dans l'intérêt duquel elle a été faite ; néanmoins, elle profite à ses codébiteurs jusqu'à concurrence de la part qu'il doit supporter dans la dette ; autrement, elle ne lui profiterait pas à lui-même, car le payement de toute la dette par ses codébiteurs l'exposerait à leur recours. Mais quelle est cette part qui doit être déduite ? est-ce la part virile, celle qui est déterminée eu égard au nombre des débiteurs, *pro numero virorum*; ou bien la part réelle, celle qui est déterminée eu égard à l'intérêt qu'avait dans la dette le débiteur qui a obtenu la remise ? La question se résout par une distinction.

Si le créancier connaissait les relations existant entre les débiteurs, la portion que chacun d'eux a prise dans la somme prêtée, c'est la part réelle qui doit être déduite. C'est au contraire la part virile qui doit l'être, s'il a ignoré ces relations, cette inégalité de parts, car alors il a dû présumer qu'ils étaient tous également obligés, que chacun d'eux avait pris dans l'emprunt une part égale. Mais, bien entendu, soit que le créancier connaisse, soit qu'il ignore l'inégalité des parts, si la part virile est plus forte, c'est la part réelle; car la remise de la dette, ayant été faite dans l'intérêt exclusif de celui qui l'a obtenue, ne peut profiter aux autres que jusqu'à concurrence de la somme pour laquelle ils auraient recours contre lui, s'ils étaient obligés de payer toute la dette.

Le créancier peut aussi avoir fait remise, non pas de la dette elle-même, mais de la solidarité. A défaut de convention expresse, la loi présume cette remise dans les trois cas suivants : 1° lorsque le créancier, en recevant divisément la part de l'un des débiteurs, n'a fait aucune réserve et lui a donné quittance pour sa part. Cette dernière condition est indispensable pour qu'il y ait remise de la solidarité (art. 1211); 2° lorsque le créancier a poursuivi un des débiteurs pour sa part, et que ce débiteur a acquiescé ou qu'il est intervenu un jugement de condamnation; 3° enfin lorsque le créancier a reçu divisément et sans réserve la part de l'un des codébiteurs dans les intérêts ou arrérages de la dette, l'art. 1212 présume la remise de la solidarité pour les intérêts échus seulement, et même le paye-ment continué divisément pendant dix années consécutives fait perdre au créancier la solidarité, tant quant aux intérêts que quant au capital lui-même. La disposition finale de l'art. 1210 qui a trait à la remise relative de la solidarité est contraire à la doctrine de Pothier et fort peu rationnelle. En effet, puisque le débiteur, qui est seulement déchargé de la solidarité, reste toujours tenu de sa part dans la dette, et que par conséquent il demeure là pour répondre, comme les codébiteurs, au recours de celui qui pourrait se trouver forcé de payer la tota-lité, pourquoi restreint-on le droit de poursuite du créancier contre les autres débiteurs? On répond que la remise de la solidarité faite à l'un des débiteurs, augmente le nombre des chances qu'ont les autres de faire l'avance, et que par suite il est naturel, si le contraire n'a été stipulé, de n'obliger ceux-ci par une sorte de dédommagement qu'à faire une avance moins forte. Mais cette justification est si peu suffisante, que

MM. Delvincourt, Duranton et Zachariæ ne pouvant croire que le Code ait voulu s'écarter ainsi sans motif de la doctrine de Pothier, enseignent que notre article n'entend parler que d'une division consentie au moyen d'un payement effectif que le débiteur fait de sa part, et non d'une renonciation pure et simple à la solidarité.

Mais cette opinion tombe à la lecture des travaux préparatoires du Code.

Si l'un des débiteurs solidaires était mort laissant plusieurs héritiers, la remise de la dette faite à l'un des débiteurs survivants libérerait tous ces héritiers ; mais si le créancier s'est réservé ses droits contre les autres débiteurs, chaque héritier ne profitera des remises que pour une fraction de la part du débiteur libéré égale à sa part héréditaire. Si maintenant la remise de la dette était faite à l'un des héritiers, elle ne profiterait pas à ses cohéritiers, qui ne sont pas solidaires, et ne profiterait aux débiteurs primitifs que pour la part héréditaire de l'héritier libéré. Si le créancier s'est réservé ses droits contre les autres, il pourra toujours agir contre chacun des héritiers pour sa part héréditaire, et contre chacun des débiteurs survivants pour la totalité, sauf une fraction de la part du débiteur décédé égale à la part héréditaire de l'héritier libéré. Les mêmes décisions s'appliqueraient à la remise de la solidarité.

§ 4. — Des effets de la solidarité passive dans les rapports des débiteurs entre eux.

Dans le droit romain, comme nous l'avons vu, les débiteurs solidaires n'étaient point présumés associés, seulement le préteur accordait au débiteur poursuivi l'exception de dol pour se faire céder les actions du créancier. Dans l'ancien droit français, le débiteur qui avait payé avait le droit de demander au créancier la cession de ses actions, que celui-ci ne pouvait lui refuser ; de plus il avait de son chef contre ses codébiteurs une action qui différait selon la nature de l'obligation qui y donnait naissance. Notre droit français a établi en règle ordinaire ce qui à Rome n'était que l'exception ; il nous semble avoir été plus heureusement inspiré et être mieux entré dans l'intention des contractants. Chez nous les débiteurs solidaires, considérés dans leurs rapports entre eux, sont les associés, les mandataires les représentants les uns des autres; d'où il résulte que la dette se divise de *plein droit* entre eux par parties *égales et viriles*, sauf stipulation contraire. Celui qui a payé au delà de la fraction qui lui est personnelle, ne l'ayant fait que comme mandataire, il a pour l'excédant une action en recours contre les mandants pour le capital et les intérêts (2001).

On a prétendu que si la dette provenait d'un délit (55, Code pén.), celui qui aurait fait l'avance ne pourrait recourir contre ses cooligés, parce qu'on ne peut être admis à arguer de sa propre turpitude: *nemo auditur propriam turpitudinem allegans.* Mais d'abord notre droit ne permet jamais à personne de s'enrichir aux dépens d'autrui, et en outre le débiteur qui a payé au delà de sa part n'argumente pas, pour réclamer l'excédant, du délit qu'il a commis, mais seulement du fait du payement qu'il a réalisé pour le compte de son codébiteur, comme pour le sien; et si le délit pour lequel ils ont été condamnés est un fait honteux, il n'en est pas de même assurément du payement des dommages-intérêts, de la réparation du délit, qui est un fait on ne peut plus moral et l'accomplissement d'un devoir.

Le débiteur qui a payé le total peut-il, au moyen de la subrogation, revenir solidairement contre chacun de ses codébiteurs? Il faudrait décider ainsi en présence de l'art. 1251 isolé, mais l'art. 1214 ne permet au débiteur qui a payé de répéter contre les autres que pour les part et portion de chacun d'eux. C'était l'avis qui avait prévalu dans l'ancien droit et auquel s'était rangé Pothier; autrement on tombait dans un circuit d'actions.

Une autre conséquence de l'association que la loi établit entre les débiteurs solidaires, c'est qu'ils sont tous responsables et garants réciproques de la part des insolvables. Ainsi, celui qui a fait l'avance ne pourra réclamer de chacun qu'une somme proportionnellement augmentée de la part des insolvables en se comptant lui-même dans la répartition.

Qu'arrivera-t-il dans ce cas si le créancier a fait à l'un des débiteurs remise de la solidarité? Pothier enseignait (n° 275, *in fine*) que le créancier qui renonce à la solidarité pour l'un des débiteurs le débarrassait par là même de la nécessité de subir sa part du déficit causé par l'insolvabilité d'autres débiteurs, et s'obligeait implicitement à payer la contribution à sa place, le cas échéant. Mais le Code ne donne pas à cette renonciation un effet aussi étendu; d'après l'art. 1215, quand la renonciation à la solidarité a lieu purement et simplement, c'est le débiteur qui reste chargé de contribuer, sans recours contre le créancier.

Et en effet : *Nemo facile donare præsumitur.*

Dans l'hypothèse de l'art. 1216, si l'un des débiteurs qui n'est en réalité qu'une caution devient insolvable, les autres débiteurs n'en souffriront pas, puisque la dette doit en fin de compte être supportée par un seul; si au contraire c'est celui dans l'intérêt duquel a été contractée toute la dette, elle sera répartie entre toutes les cautions (application de l'art. 2033).

DES OBLIGATIONS DIVISIBLES ET INDIVISIBLES.

Considérée en elle-même comme *vinculum juris*, une obligation est toujours indivisible et non susceptible de parties; c'est un lien qui est toujours entier, toujours unique : on est tenu ou on ne l'est pas. Ce n'est donc pas à ce point de vue qu'il faut se placer pour comprendre la théorie de l'indivisibilité. Ce n'est en effet qu'au point de vue de son objet, qu'on peut dire qu'une obligation est divisible ou indivisible. Il n'y a du reste aucune espèce d'intérêt à distinguer si l'objet de l'obligation est ou non divisible, lorsqu'il n'y a qu'un débiteur et qu'un créancier, car dans ce cas l'obligation doit toujours être exécutée comme si elle était indivisible (art. 1220-1224). Ce n'est que lorsqu'il y a plusieurs créanciers ou plusieurs débiteurs, ou bien encore lorsque le créancier et le débiteur sont morts laissant plusieurs héritiers, qu'il importe de savoir si l'obligation est divisible ou indivisible.

Qu'est-ce donc qu'une obligation divisible ? Qu'est-ce qu'une obligation indivisible ? L'obligation divisible est l'obligation d'une chose, d'un fait dont la prestation ou l'exécution sont susceptibles de division, sinon matérielle au moins intellectuelle. L'obligation indivisible, au contraire, est celle d'une chose ou d'un fait dont la prestation partielle est impossible, soit par la nature même, soit parce que le rapport sous lequel les parties l'ont considéré ne le rendait pas susceptible d'être livré ou d'être exécuté divisément.

Dans l'art. 1219 le Code croit devoir prévenir une confusion qui aurait pu résulter d'une certaine analogie entre la solidarité et l'indivisibilité. Cet article dit : les obligations solidaires ne sont pas des obligations indivisibles, et la réciproque est également vraie. Il y a en effet plusieurs différences notables. La dette solidaire, par exemple, se divise entre les héritiers des débiteurs solidaires, tandis que l'indivisibilité, étant une qualité réelle de l'obligation, on aura beau multiplier le nombre des débiteurs, on n'arrivera jamais au fractionnement de l'obligation indivisible. Les débiteurs solidaires sont tenus *in totum et totaliter*, tandis que les débiteurs de la chose ou du fait indivisible, sont tenus *in totum* seulement et non *totaliter*, et il en résulte que les art. 1205 et 1207 ne sont pas applicables aux débiteurs de la chose indivisible. L'art. 2249, relatif à l'interruption de la prescription, quant aux débiteurs solidaires, ne peut s'étendre aux héritiers des débiteurs de la chose indivisible.

Supposons enfin plusieurs débiteurs solidaires condamnés à des dommages-intérêts, ils le seront solidairement, ce qui ne sera pas pour les débiteurs de la chose indivisible, parce que ce qui rendait la chose indivisible s'évanouit quand elle est convertie en une somme d'argent, chose parfaitement susceptible de fractionnement.

§ 1er. — Des différentes espèces de divisibilité et d'indivisibilité.

Pour comprendre le Code, il est nécessaire de remonter aux sources et de connaître le système de Pothier, que les rédacteurs se sont contentés d'abréger, et que Pothier lui-même avait trouvé dans Dumoulin, qu'il a suivi.

Pothier distingue trois espèces de divisibilité; et en effet, il existe :

1° Des choses qui peuvent être divisées en parties physiquement et réellement séparées les unes des autres, comme une somme d'argent que l'on fractionne en plusieurs petites sommes;

2° Des choses qui sont susceptibles de parties, non point moléculairement séparées les unes des autres, mais indiquées par un signe matériel, telles qu'une prairie qui peut être partagée en plusieurs parties au moyen d'un signe indicateur, par exemple d'une borne ou d'un fossé;

3° Des choses qui ne sont susceptibles ni de parties moléculairement séparées les unes des autres, ni de parties indiquées par un signe matériel, mais qui sont susceptibles de parties civiles, en ce sens qu'elles peuvent appartenir par fractions à plusieurs personnes, comme un cheval.

Les deux premières espèces de divisibilité s'appellent *maté-rielles;* la dernière s'appelle *intellectuelle.*

L'obligation est divisible non-seulement lorsqu'elle a pour objet une chose susceptible de divisibilité matérielle, mais encore lorsque la chose qu'elle a pour objet est susceptible d'une divisibilité intellectuelle.

L'obligation, au contraire, est indivisible lorsque son objet n'est susceptible d'aucune espèce de divisibilité.

Dumoulin et Pothier distinguent trois espèces d'indivisibilité : 1° l'indivisibilité *natura aut contractu,* qu'i lvaut mieux appeler *natura;* 2° l'indivisibilité *obligatione;* 3° l'indivisibilité *solutione tantum.* Mais cette dernière ne constitue pas, à proprement parler, une classe distincte. Dans notre droit ce n'est qu'une exception à la divisibilité, et le Code la traitera à l'occasion des obligations divisibles.

1° Indivisibilité *contractu* ou *natura.* — L'obligation est indivisible *natura,* nous dit Pothier, lorsque son objet est, par sa nature, non susceptible de parties, tellement qu'il ne pourrait être stipulé ou promis par partie. C'est ce que nous retrouvons dans l'art. 1217. Une servitude de passage ou de vue est une chose indivisible *contractu,* parce que, sous quelque point de vue qu'on la considère, elle n'est pas susceptible d'être divisée par parties aliquotes. On ne peut passer pour une moitié ou un quart : on passe ou on ne passe pas. Le Code paraît même avoir considéré les servitudes comme indivisibles en un autre sens, en ce qu'elles grèvent chaque partie du fonds servant et sont censées inhérentes à chaque partie du fonds dominant. C'est ce qui résulte des art. 709 et 710, qui décident, sans distinguer si l'utilité de la servitude peut ou non se diviser, que si le fonds dominant appartient à plusieurs par indivis, la jouissance d'un seul, ou l'état d'un seul contre lequel la prescription ne peut courir, conserve le droit de tous les autres. En ce sens, toutes les servitudes sont indivisibles.

2° Indivisibilité *obligatione*. — D'après Pothier, tout ce qui est *individuum natura*, l'est *obligatione*; mais il y a certaines choses qui, quoiqu'elles eussent pu absolument être stipulées ou promises par parties, et par conséquent quoiqu'elles ne soient pas *individuæ natura*, néanmoins, dans la manière dont elles ont été considérées par les parties contractantes, sont quelque chose d'indivisible et qui ne peut, par conséquent, être dû par parties. Ainsi, je veux établir une usine pour la construction de laquelle j'ai besoin des terrains que vous possédez à côté de ma propriété, et vous vous obligez à me livrer ce terrain avec les trois quarts duquel je ne pourrais rien faire, parce qu'il est indispensable tout entier à ma construction. Votre obligation sera indivisible, parce que son objet est indivisible, non pas en lui-même (car une pièce de terre peut se fractionner même en parties matérielles), mais dans notre commune pensée, parce que ce terrain est nécessaire dans son ensemble au but que je me suis proposé, et me deviendrait complétement inutile si je n'en avais pas la totalité (Pothier, n° 292, *in fine*). Il en serait de même de l'obligation de construire une maison, un théâtre, des bains, faire une statue, un tableau, etc.

C'est cette seconde espèce d'indivisibilité qu'a voulu reproduire l'art. 1216. Mais pour rendre exactement la théorie de l'indivisibilité *obligatione*, il eût fallu dire, comme Pothier : « si le rapport sous lequel elle est considérée dans l'obligation ne la rend pas susceptible de parties. » Ces mots : « exécution partielle, » qu'a employés le Code, feraient croire qu'il s'agit ici de l'indivisibilité *solutione*, qui, en effet, affecte l'exécution plutôt que l'obligation elle-même, comme nous le verrons plus loin.

Dans l'ancien droit, on avait prétendu que les obligations

consistant *in faciendo* ou *in non faciendo* étaient nécessairement et toujours indivisibles. Dumoulin, puis Pothier, ont combattu cette doctrine. Notre Code prouve de la manière la plus évidente que les obligations de faire ou de ne pas faire peuvent, comme les autres, être tantôt indivisibles et tantôt divisibles, puisque les art. 1217 et 1218 appliquent la distinction aux obligations qui ont pour objet un fait à exécuter aussi bien qu'à celles dont l'objet est une chose à donner ou à livrer.

3° Indivisibilité *solutione tantum.*—L'obligation est indivisible *solutione tantum* lorsqu'elle a pour objet une chose qui par elle-même est divisible, mais dont le payement, par une convention expresse ou tacite des parties, ne peut être exécuté par fractions. Cette indivisibilité ne tient ni à la nature de l'objet dû, ni au rapport sous lequel il est considéré dans l'obligation, mais uniquement à la volonté expresse ou tacite des parties. Elle affecte moins l'obligation que son exécution; aussi, l'appelle-t-on indivisibilité *solutione tantum.* Comme nous l'avons déjà dit, ce n'est pas une indivisibilité proprement dite; mais plutôt une exception à la divisibilité; c'est du reste ce qui résulte bien de la place qu'elle occupe dans le Code et des termes de l'article 1221.

Il n'y a pas d'intérêt à savoir si une obligation est indivisible *natura aut contractu* ou si elle l'est *obligatione*, parce que les mêmes règles s'appliquent à ces deux classes d'indivisibilité; il y en a, au contraire, à savoir si une obligation est indivisible *natura* ou si elle ne présente au contraire qu'une simple indivisibilité de payement, car les effets sont différents dans l'un et l'autre cas. En effet, les deux premières classes d'indivisibilité affectent l'obligation tant au point de vue actif qu'au point de vue passif; elles empêchent la division de la dette, soit à l'égard des débiteurs, qui peuvent être poursuivis chacun pour le tout, soit à l'égard des créanciers, qui ont chacun le droit de poursuivre pour le tout. L'indivisibilité *solutione tantum*, au contraire ' n'affecte l'obligation qu'au point de vue passif, c'est-à-dire qu'à l'égard des héritiers du débiteur seulement ; quant à la créance ' elle se divise, se fractionne de plein droit entre les héritiers du créancier.

Mais comment distinguer l'obligation indivisible *obligatione*, de celle qui l'est *solutione tantum* ? Dans les deux cas, c'est le consentement des parties qui rend l'obligation indivisible, et les expressions employées par le texte dans les art. 1218 et 1221 sont presque identiques. Dans le premier cas, celui de 1218, l'obligation est indivisible à cause du rapport sous lequel la chose à livrer ou le fait à accomplir forme la matière de l'obligation ; c'est la volonté des contractants qui a déterminé ce rapport, mais ils ne pourraient plus, sans dénaturer l'objet de l'obligation, convenir d'un payement partiel : ce ne serait plus l'obligation primitive, mais une autre toute différente. Dans le second cas, au contraire, les choses et les faits restent divisibles, le payement seul ne peut avoir lieu par partie ; cette indivisibilité ne résulte pas de l'objet de l'obligation, tel que les parties l'ont envisagé, mais bien plutôt d'une convention par laquelle l'exécution seule est indivisible ; et cette convention, enlevée du contrat primitif, n'en changerait ni la nature ni la substance : ce serait toujours le même contrat, moins son accessoire l'indivisibilité de payement. Dans un cas, il y a impossibilité de diviser, tant que la convention subsiste ; dans le second cas, une division peut s'opérer, sans cependant que la convention soit détruite.

Nous allons maintenant passer en revue successivement les effets de l'indivisibilité proprement dite, puis les effets de la divisibilité, et enfin les exceptions signalées par la loi à la divisibilité.

§ 2. — Effets de l'obligation indivisible.

Nous ne traitons ici que de l'indivisibilité *contractu aut natura* et de l'indivisibilité *obligatione*. Quant à l'indivisibilité *solutione tantum*, elle prendra naturellement sa place sous la rubrique des exceptions au principe que la dette divisible se divise de plein droit entre les héritiers du débiteur.

Du moment que la dette est indivisible, soit réellement, soit conventionnellement, *natura* ou *obligatione*, chacun des débiteurs doit évidemment et nécessairement le tout, comme aussi chacun des créanciers peut exiger le tout, ainsi que le dit le 1° de l'art. 1224. Mais la dette n'est pas pour cela solidaire. De même que dans l'obligation solidaire, l'objet de l'obligation étant *un*, le payement fait par un seul libère tous les autres en éteignant la dette; mais à la différence de ce qui a lieu dans l'obligation solidaire, chacun des héritiers du débiteur d'une obligation indivisible est tenu pour le total, et chacun des héritiers du créancier peut exiger la totalité. En effet, quand une obligation ne peut pas avoir de parties, il est impossible qu'elle soit exigée pour parties.

Mais remarquons bien que dans l'obligation indivisible, si chacun des débiteurs, soit débiteurs primitifs, soit représentants d'un débiteur unique, doit la chose entière, et si chacun des créanciers peut exiger cette chose entière, ce n'est pas, comme dans l'obligation solidaire, par une qualité inhérente à la personne, qui serait vraiment créancière ou débitrice *in totum et totaliter*, mais seulement par la qualité (réelle ou conventionnelle) de la chose, laquelle (par suite de la nature qu'elle a réellement, ou que le contrat lui a donnée) n'est pas susceptible de parties.

De ce principe que chacun est ici, par la nature des choses, créancier ou débiteur *in totum*, mais n'est pas personnellement créancier ou débiteur *totaliter*, il découle plusieurs conséquences importantes. Ainsi d'abord, alors même qu'on reconnaissait à un des créanciers solidaires le droit de libérer pleinement le débiteur en lui faisant remise de la dette (Pothier, n° 263), on n'admettait pas ce droit pour l'un des créanciers de la chose indivisible (Pothier, n° 327), parce qu'il n'est pas personnellement maître de la chose due, et que s'il peut se faire payer le tout, c'est uniquement à cause de la nature de la chose due. Par la même raison, l'un des créanciers n'est pas le maître d'éteindre la créance en la transformant en une autre, et de libérer le débiteur en recevant le prix de l'objet dû à la place de cet objet lui-même.

Si cependant l'un des créanciers a seul fait remise de la dette, cette remise sera-t-elle nulle? Non. Elle libérera le débiteur jusqu'à concurrence de la part du créancier qui a fait la remise. Le débiteur, il est vrai, sera tenu d'exécuter l'obligation entière, puisqu'elle ne peut l'être partiellement; mais les autres créanciers devront lui tenir compte de la portion de celui qui a fait la remise, et ils y arriveront soit en lui payant l'estimation de la part de leur cocréancier, soit en l'admettant lui-même au bénéfice de l'obligation au lieu et place de ce créancier. Ce dernier moyen sera même le plus équitable, puisque ce sera l'équivalent exact de la remise faite au débiteur, et en outre parce que les créanciers qui demandent l'exécution de l'obligation ne se verront pas obligés à des déboursés qui pourraient leur être onéreux.

Toutefois, les créanciers ne doivent indemniser le débiteur de la remise faite par un de leurs conjoints, qu'autant que cette remise leur procurerait un bénéfice, car le seul motif qui les oblige est cette règle fondamentale que personne ne doit s'enrichir aux dépens d'autrui. Supposons que l'obligation était de bâtir une maison ; si les créanciers n'indemnisaient pas le débiteur de la remise faite par un de leurs conjoints, ils s'enrichiraient aux dépens de ce débiteur, puisqu'ils seraient moins nombreux à jouir du bénéfice de la même obligation. Supposons maintenant que l'objet de l'obligation était une servitude de passage que le débiteur concédait sur son fonds ; les créanciers ne retireront aucun bénéfice de la remise faite par un de leurs conjoints, car la servitude ne leur deviendra pas plus avantageuse, et, par suite, ils ne devront rien pour tenir compte de la remise faite.

L'objet de l'obligation indivisible n'étant pas susceptible de parties, et personne n'en pouvant être dès lors créancier ou débiteur pour partie, il s'ensuit que quand la prescription d'une telle dette est interrompue par l'un des créanciers ou contre l'un des débiteurs, elle l'est nécessairement pour le tout et pour tous les créanciers ou contre tous les débiteurs (art. 2249, al. 2). Il en est de même évidemment du cas de suspension (art. 709, 710), c'est-à-dire que si parmi les créanciers il en existe un au profit duquel la prescription est suspendue, cette suspension profite à tous.

Ces deux derniers effets de l'indivisibilité sont peu logiques : en effet, l'on vient de voir qu'un créancier peut renoncer à la part qu'il a dans la créance ; que cette renonciation profite au débiteur, non pas, il est vrai, en nature, mais par équivalent ; or n'est-il pas naturel de supposer que ceux des créanciers qui sont restés trente ans sans agir ont renoncé à leur droit ? Quelle raison y a-t-il de rejeter cette présomption ? N'est-ce pas elle qui sert de base à la prescription ? Si le créancier solidaire qui exerce des poursuites contre le débiteur conserve le droit de ses cocréanciers en même temps que le sien, c'est qu'il est leur associé, leur mandataire, à l'effet de faire tous les actes conservatoires de la créance commune ; mais aucune association, aucun mandat n'existe entre les créanciers d'une chose indivisible, car la communauté qui existe entre eux est purement accidentelle; elle tient uniquement à la nature de la chose due.

Chacun des héritiers du débiteur ou chacun des débiteurs originaires étant débiteur de l'objet indivisible pour le tout, il peut donc être assigné seul pour ce tout, et il ne pourrait pas contraindre le créancier à appeler ses codébiteurs en cause; mais comme il ne doit pas cependant la dette *totaliter* à lui seul, il a le droit d'exiger un délai pour mettre lui-même ses cohéritiers en cause (Pothier, n°ˢ 330, 331).

C'est là encore une notable différence entre l'obligation indivisible et l'obligation solidaire. Un débiteur solidaire assigné peut bien aussi mettre ses codébiteurs en cause; mais il ne le peut que pour faire statuer par un seul et même jugement sur la demande formée contre lui par le créancier, et sur sa demande en recours contre ses codébiteurs, il ne lui est pas permis de faire diviser la condamnation : débiteur solidaire, il est condamné à exécuter l'obligation pour le tout, ou, faute de le faire, à payer *aussi pour le tout* les dommages-intérêts résultant de l'inexécution de l'obligation.

Le codébiteur d'une chose indivisible peut, au contraire, demander que chacun des codébiteurs soit condamné à concourir avec lui à l'exécution de l'obligation, et, faute de le faire, qu'ils soient tous, mais chacun seulement *pour sa part et portion*, condamnés à payer des dommages-intérêts. Si cependant la dette était de nature à ne pouvoir être acquittée que par l'héritier assigné; si, par exemple, le champ dans lequel le défunt s'était engagé à construire un aqueduc pour faire passer de l'eau dans un champ voisin tombe dans le lot d'un des héritiers, celui-là seul peut acquitter l'obligation; alors il pourra bien mettre en cause ses codébiteurs, mais non plus, comme précédemment, pour les faire condamner à exécuter conjointe-ment avec lui, mais simplement pour faire prononcer par le même jugement sur son recours en garantie.

Au contraire quand la dette peut être acquittée par chacun séparément (par exemple, s'il s'agit d'un droit de passage que le débiteur défunt se serait engagé de faire avoir à quelqu'un sur l'héritage d'un tiers), notre règle s'applique, et l'héritier assigné peut appeler ses cohéritiers en cause avant de répon-dre au créancier. Il en est de même, et à plus forte raison, si la dette ne peut être acquittée que par tous les cohéritiers ensem-ble (par exemple si le droit de passage qui a été promis sur un immeuble du défunt doit traverser cet immeuble dans chacune des parties appartenant aujourd'hui à chacun des héritiers séparément).

Lorsque la dette résultant de l'obligation indivisible se con-vertit, par défaut d'exécution, en dette de dommages-intérêts, comme ces dommages-intérêts sont divisibles, et que c'était seulement par l'impossibilité de diviser l'objet dû que chacun des débiteurs devait le tout, cette dette de dommages-intérêts se divise entre tous les débiteurs, et chacun n'en est tenu que pour sa part. C'est là encore une différence entre l'obligation indivisible et l'obligation solidaire, car dans cette dernière les dommages-intérêts dans lesquels l'objet primitivement dû se transforme par l'inexécution de l'engagement sont dus en entier par chacun des codébiteurs, en tant toutefois que ces dom-mages-intérêts ne sont que la représentation de l'objet dû et ne viennent pas s'ajouter à l'obligation première, parce que les débiteurs, comme nous en avons fait plus haut la distinction, se sont bien donné mandat *ad perpetuandam obligationem*, mais non *ad augendam obligationem*. C'est pour cela que Dumoulin disait : *Longe aliud est plures teneri ad idem in solidum, et aliud obligationem esse individuam.*

Quand le débiteur assigné, pouvant appeler ses codébiteurs, ne l'a pas fait, il peut être condamné seul et pour le tout aux dommages-intérêts (car il s'y est alors soumis volontairement et s'en trouve tenu *proprio facto*), sauf, bien entendu, son recours contre ses codébiteurs.

Quand l'assigné pouvait seul exécuter et qu'il n'exécute pas, il peut bien encore, pour les dommages-intérêts auxquels il est condamné, recourir contre ses codébiteurs (si la dette n'a pas été mise en entier à sa charge par le partage) ; mais son recours, au lieu de se faire alors pour la part de chacun dans le montant de la condamnation, ne pourra s'exercer que pour la part de chacun dans le préjudice que le débiteur assigné aurait subi en exécutant. Les codébiteurs, en effet, ne doivent pas souffrir du mauvais vouloir de leur coobligé.

Enfin, quand la dette est de nature à ne pouvoir être acquittée que par tous les obligés ensemble, et que l'un ou plusieurs refusent, ceux-ci doivent seuls payer les dommages-intérêts, ceux qui consentent à l'exécution ne pouvant pas être soumis à ces dommages-intérêts par le caprice de leur coobligé (Pothier, n° 334).

Quand l'obligation indivisible ne peut plus être exécutée, soit par la destruction de l'objet, soit par toute autre cause, cette obligation est éteinte (art. 1302), sauf le droit du créancier à des dommages-intérêts, si c'est par la faute ou le fait de l'un ou de plusieurs des débiteurs que l'obligation ne peut plus s'exécuter. Les dommages-intérêts dans ce cas ne sont dus que par l'auteur de la faute ou du fait, et nullement par ses coobligés, puisque les différents codébiteurs ne sont pas ici représentants l'un de l'autre comme dans l'obligation solidaire.

§ 3. — Effets de l'obligation divisible.

Une obligation susceptible de division, c'est-à-dire dont

l'objet peut se diviser ou matériellement ou intellectuellement, n'est pas par cela même divisée. Le Code, dans l'art. 1220, nous dit que lorsqu'il n'y a qu'un débiteur et qu'un créancier, il est tout à fait indifférent que l'obligation soit divisible ou indivisible, c'est-à-dire que le débiteur ne peut contraindre son créancier à recevoir partie de ce qui lui est dû. L'intérêt de la divisibilité commence avec la pluralité des créanciers ou des débiteurs, pluralité qui peut résulter de l'effet même de l'obligation primitive ou de la mort du créancier ou débiteur unique, laissant plusieurs héritiers. Le Code, après Pothier, ne suppose que cette seconde hypothèse, parce que c'est la plus fréquente ; du reste les mêmes effets s'appliquent également aux deux cas. Remarquons que par la mort d'une partie le droit se divise entre ses héritiers; non en parts et portions viriles, mais bien en proportion de la part pour laquelle chacun de ces héritiers représente le défunt. Si donc ce défunt laisse deux héritiers dont l'un le représente pour deux tiers et l'autre pour un tiers seulement, le premier se trouvera créancier ou débiteur pour les deux tiers, et le second pour le dernier tiers.

Lorsque la dette unique dans le principe se divise postérieurement sur plusieurs têtes, à proprement et rigoureusement parler, il n'en résulte pas plusieurs dettes, mais une dette divisée en plusieurs parties et qui n'est payable par portions que parce qu'elle l'est par plusieurs personnes ou à plusieurs personnes. Si donc, après la mort d'un créancier qui a laissé cinq héritiers, quatre de ces héritiers venaient à mourir et avaient leur cohéritier pour successeur, celui-ci redevenant ainsi créancier unique de la dette unique, le débiteur n'aurait pas le droit de le payer en cinq fractions, puisque cette dette unique a cessé d'être payable à plusieurs et que *cessante causa, cessat effectus*. Il en serait de même réciproquement si l'un des cohéritiers du débiteur devenait l'héritier de ses divers cohéritiers.

Telle était aussi la doctrine de Dumoulin et de Pothier (n° 318).

Quant aux dommages-intérêts, lorsque l'objet dû est parfaitement divisible, et que l'un des débiteurs seulement refuse d'exécuter son obligation, ils ne sont dus que par celui qui refuse, qu'il y ait eu clause pénale ou non. Il en est autrement quand l'objet dû, quoique divisible en lui-même, a été considéré *obligatione* comme indivisible ; alors, comme nous l'avons dit plus haut, s'il y a eu clause pénale stipulée et que le payement ne soit pas effectué intégralement, les dommages-intérêts sont encourus pour la totalité ; le but que s'était proposé le créancier est manqué en effet pour la totalité.

§ 4. — Exceptions au principe de la divisibilité.

Le principe que les obligations divisibles se fractionnent de plein droit entre les divers héritiers du créancier ou du débiteur, reçoit exception dans certains cas, mais seulement quant aux héritiers *du débiteur ;* la dette reste divisible, et se divise en effet de plein droit entre les héritiers du créancier, qui ne peuvent demander chacun que leur part dans la créance.

Cette exception à la divisibilité générale forme la troisième espèce d'indivisibilité appelée par Dumoulin et Pothier *solutione tantum.* Cette indivisibilité n'affecte pas, comme les deux autres, l'objet de l'obligation ; elle ne porte que sur l'exécution qui, par certains motifs, ne peut être partielle ; l'effet ne se produit qu'à l'égard des débiteurs.

Nous allons voir, au surplus, que des cinq cas indiqués par l'art. 1221 comme faisant exception au principe de la division, trois seulement présentent réellement cette exception.

1° La loi nous indique d'abord le cas d'une dette hypothécaire, et nous dit que celui des cohéritiers du débiteur qui se trouve avoir l'immeuble hypothéqué, pourra être poursuivi sur cet immeuble pour le tout. Mais on ne saurait voir dans l'hypothèque un cas d'exception au principe de la divisibilité de la dette. L'hypothèque n'empêche pas la division de la dette entre les héritiers du débiteur, et ne change rien au principe que par la mort du débiteur; ses héritiers ne se trouvent débiteurs et contraignables à sa place que chacun pour sa part. Chacun d'eux, en effet, n'est tenu, *en sa qualité d'héritier*, que proportionnellement à sa part héréditaire; s'il peut être poursuivi pour le tout, ce n'est qu'en sa qualité de *tiers détenteur* de l'immeuble hypothéqué. D'après l'art. 2114, l'hypothèque est bien indivisible, et cela avec raison, puisque l'objet du créancier qui exige une hypothèque est non-seulement d'assurer l'exécution de sa créance, mais encore d'en assurer l'exécution intégrale. Mais remarquons que l'hypothèque est parfaitement distincte de l'obligation elle-même, qui, si elle est divisible, se divisera entre les débiteurs. Ce n'est pas une qualité de la dette, mais bien plutôt un droit réel sur l'immeuble qui en est grevé. On sait en effet que, dans le cas d'hypothèque, il y a deux débiteurs : d'un côté, la personne obligée; l'immeuble de l'autre; en sorte que le créancier peut poursuivre l'immeuble chez tous ses détenteurs, ou, en d'autres termes, poursuivre tous les détenteurs de cet immeuble, alors même que ces détenteurs ne seraient pas héritiers du débiteur, et seraient complétement étrangers à la dette. Ce n'est donc pas contre l'*héritier* que la dette est poursuivie pour le tout : c'est contre l'*immeuble*, et le principe auquel on prétend indiquer une exception reste parfaitement intact.

2° Lorsque la dette est d'un corps certain. — La dette d'un corps certain est toujours divisible de sa nature; c'est ce qui résulte clairement de l'art. 1672. Chacun des débiteurs peut se libérer en abandonnant au créancier sa part indivise dans la propriété de l'objet dû. Quand donc la dette d'un corps certain sera-t-elle indivisible à l'égard des héritiers du débiteur ? C'est, dit Pothier, dans le cas où la chose due a été mise en totalité dans le lot de l'un des héritiers. Le créancier, dans ce cas, pourra agir contre celui-ci pour la totalité, et c'est là vraiment une exception au principe que chaque héritier n'est tenu de payer la dette que pour sa part héréditaire. Cette exception se justifie en disant que si le créancier n'avait pas le droit de le poursuivre pour le tout, il serait forcé d'agir contre chacun des autres héritiers ; ceux-ci étant dans l'impossibilité d'exécuter l'obligation, seraient condamnés à des dommages-intérêts. Dès lors chacun d'eux, lorsqu'il serait actionné, pourrait agir à son tour contre celui d'entre eux qui, étant seul détenteur de la chose due, peut seul la livrer, et le forcer de les soustraire, en exécutant l'obligation, aux conséquences de l'action dirigée contre eux ; de là un circuit d'actions que la loi évite en autorisant le créancier à demander la chose à celui qui la possède seul. Au surplus, le créancier peut, s'il le veut, agir par action personnelle contre chacun, et alors dans les limites de ce que chacun prend dans la succession du défunt.

3° Lorsqu'il s'agit de la dette alternative de choses au choix du créancier, dont l'une est indivisible.— Cette disposition est inexplicable. De deux choses l'une : le créancier demandera ou celle des deux choses qui est indivisible ou celle qui est divisible ; au premier cas la dette sera indivisible et chaque héritier pourra être poursuivi pour le tout ; au second elle sera divisible et chaque héritier n'en sera tenu que pour sa part et portion. La disposition dont nous nous occupons ne peut donc, dans l'une ou l'autre hypothèse, être considérée comme une exception au droit commun ; c'est une application pure et simple des règles qui régissent les obligations divisibles et indivisibles. C'est un contresens qui n'a été formulé par les rédacteurs que parce qu'ils n'ont pas compris le passage de Pothier qu'ils ont cru reproduire. Suivant Pothier (n° 312), ce qui est indivisible, c'est le choix résultant de l'alternativité de l'obligation. Le droit de choisir est indivisible, soit qu'il appartienne au débiteur, soit qu'il appartienne au créancier, et il en est ainsi lors même que les deux choses comprises dans l'alternative sont l'une et l'autre divisibles. Si le choix appartenait au débiteur, ses héritiers ne peuvent pas diviser le choix qu'ils ont le droit de faire, ils ne peuvent pas payer l'un la moitié de l'une des prestations et l'autre la moitié de l'autre. Si le choix appartient au créancier, celui-ci ne peut également demander que l'une ou l'autre des choses dues. Il est probable que les rédacteurs de notre alinéa ont simplement voulu dire que les débiteurs, sous prétexte qu'ils sont nombreux, ne pourraient pas empêcher le créancier de choisir la chose indivisible, parce que l'exécution deviendrait plus onéreuse pour eux.

4° Lorsque l'un des héritiers est chargé seul par le titre de l'exécution de la convention. — Cette exception, présentée par le Code comme la quatrième, n'est en réalité que la seconde. De quel titre la loi entend-elle parler? S'agit-il ici de la convention même qui a donné naissance à l'obligation ou d'un testament par lequel le débiteur a chargé l'un de ses héritiers du payement intégral de sa dette? Le titre dont il est ici question est la convention même qui a donné naissance à l'obligation, car la loi traite ici non pas des testaments, mais bien des obligations conventionnelles. D'ailleurs Pothier, d'où est tirée cette disposition, dit positivement que l'on peut, *en contractant une obligation*, charger un seul de ses héritiers du payement intégral de la dette, c'est-à-dire accorder au créancier le précieux avantage de poursuivre pour le tout celui des héritiers qui est nommément désigné dans la convention. Mais remarquons bien, d'après la fin de notre art. 1221, que c'est seulement

quant à l'*exécution* et sauf son recours contre ses cohéritiers
que l'un des héritiers peut être tenu pour le tout ; il ne doit en
définitive supporter que sa part héréditaire, il ne s'agit que
d'une avance à faire. En effet, comme Pothier le remarquait,
la clause qui enlèverait à cet héritier son recours contre les
autres et tendrait par conséquent à lui imposer la dette elle-
même en totalité, ne serait point valable, car ce serait un
avantage en faveur des autres héritiers, un règlement de succession qui ne peut se faire que par testament. Du reste, cette
stipulation étant uniquement pour la commodité du créancier,
il va sans dire que celui-ci peut, s'il veut, poursuivre les autres
héritiers, chacun pour sa part.

5° Lorsqu'il résulte soit de la nature de l'engagement, soit de
la chose qui en fait l'objet, soit de la fin qu'on s'est proposée
dans le contrat, que l'intention des parties était que la dette
ne pût s'acquitter partiellement. — Dans ce cas, ajoute le dernier alinéa, chaque héritier peut être poursuivi pour le tout,
sauf son recours contre ses cohéritiers.

Cette dernière exception est plus large et plus compréhen-
sible que les deux autres. Elle a lieu toutes les fois qu'il est re-
connu que l'intention des contractants a été, non pas de rendre
l'obligation indivisible (ce qui serait l'application de l'art. 1218,
c'est-à-dire l'indivisibilité *obligatione* et produirait effet aussi
bien entre les héritiers du créancier qu'entre les héritiers du
débiteur), mais seulement d'enlever aux héritiers du débiteur
la faculté de se libérer par parties. Cette intention peut résulter, soit d'une clause expresse de l'acte (clause qui différerait
de celle prévue au précédent alinéa, en ce que dans celle-ci un
seul des héritiers était spécialement désigné pour faire le payement et pouvait seul être poursuivi pour le tout, tandis qu'ici
le droit du créancier de poursuivre pour le tout aurait été sti-

pulé en général, sans désigner tel ou tel des héritiers et pourrait s'exercer contre tous). :,

Elle peut résulter aussi : 1° De la nature de l'engagement. Telle serait la dette d'une chose *in genere*, un cheval, par exemple. Les héritiers du débiteur n'ont pas, dans ce cas, le droit de s'acquitter partiellement, car si la dette dont ils sont tenus se divisait entre eux, l'un pourrait payer une fraction intellectuelle de tel cheval, l'autre une fraction de tel autre cheval; le créancier, au lieu de recevoir ce qu'il a stipulé, un cheval, ne recevrait que des parties indivises dans plusieurs chevaux. 2° De la chose qui fait l'objet de l'obligation. Par exemple l'obligation de donner à ferme un héritage. Quoique cet héritage soit susceptible de parties, cependant l'obligation ne serait pas exécutée si tous les héritiers ne s'entendent pas pour me faire jouir de la totalité de l'héritage. 3° De la fin qu'on s'est proposée dans le contrat. Telle serait l'obligation de livrer telle somme qui a été promise à une personne qui l'a stipulée, avec déclaration qu'elle l'empruntait à l'effet d'exercer un droit de réméré.

Dumoulin et Pothier, suivant trop scrupuleusement la subtilité de la loi romaine, disaient que les cas que nous venons de voir ne présentant d'indivisibilité que *solutione tantum* et parce que l'héritier, quand il vient pour payer, se trouve ne pouvoir le faire pour partie; que l'obligation restant divisible, et l'héritier poursuivi n'étant au fond débiteur que de sa part, il s'ensuivait qu'il ne pouvait être poursuivi pour le total et que la demande que le créancier lui ferait de payer ce total ne serait pas valable (Pothier, n° 316). Le Code a rejeté cette idée ainsi qu'une distinction des anciens docteurs, et l'héritier se trouvant tenu de payer *le tout*, il lui a paru tout simple d'autoriser le créancier à le poursuivre *pour le tout*.

Les exceptions de l'art. 1221 constituent l'indivisibilité *solu-*

tione tantum. Cette indivisibilité, qui paraît ressembler à l'indivisibilité *obligatione,* en diffère cependant d'une manière importante. Toutes deux elles sont bien soumises à la volonté des parties: mais dans l'indivisibilité *obligatione,* le rapport sous lequel l'objet a été considéré rend l'obligation indivisible absolument, à l'égard des créanciers comme des débiteurs. Dans l'autre, au contraire, l'objet est parfaitement divisible sous tous les rapports, mais la volonté expresse ou présumée des contractants ne porte que sur un point, à savoir que les débiteurs ne pourront se libérer par parties.

Les créanciers de l'obligation indivisible *solutione* ne peuvent poursuivre que pour leur part et la prescription n'est interrompue qu'à l'égard de celui qui a fait les poursuites.

Tous les cas d'exception au principe de la divisibilité énumérés dans l'art. 1221 se rapportent aux héritiers du débiteur seulement. Ne pourrait-il jamais se rencontrer pareille exception du côté des créanciers? L'art. 1939 semble nous en offrir un exemple. Il s'agit de la restitution à faire aux héritiers du déposant: « Si la chose déposée, dit cet article, est indivisible, les héritiers doivent s'accorder entre eux pour la recevoir. » La loi n'entend pas parler ici d'une indivisibilité absolue, mais d'une indivisibilité matérielle; la chose déposée ne saurait être divisée sans destruction ou au moins dépréciation notable. Ce n'est à proprement parler qu'une créance divisible, et ce n'est que quant à la restitution seulement de l'objet qu'il y a exception à le divisibilité. Cette exception relative aux créanciers devrait aussi être présumée dans certains cas: par exemple pour une obligation générique ou alternative, au choix du débiteur. Nous ne pensons pas que le débiteur pût se libérer en payant aux héritiers du créancier partie d'une chose, et à l'autre partie d'une autre chose; car telle n'était pas évidemment l'intention des parties contractantes.

QUESTIONS.

I. L'interruption de prescription de la part d'un des créanciers solidaires profite-t-elle aux autres? — Oui.

II. En est-il de même de la suspension? — Non.

III. La solidarité peut-elle résulter des engagements que plusieurs débiteurs prennent successivement et par actes séparés? — Oui.

IV. Le débiteur solidaire peut-il opposer la compensation de ce que le créancier doit à son codébiteur, au moins pour la part de ce codébiteur? — Non.

V. Le créancier qui a remis la solidarité à un débiteur, est-il en principe soumis à un recours pour la part que celui-ci peut avoir à supporter dans l'insolvabilité d'un de ses codébiteurs? — Non.

VI. Le débiteur d'une dette indivisible a-t-il le bénéfice de division? — Oui.

VII. La suspension de la prescription au profit de l'un des créanciers d'une obligation indivisible, profite-t-elle aux autres créanciers? — Oui.

VIII. Les cas énumérés dans l'art. 1221 sont-ils tous des cas d'exception à la divisibilité de la dette? — Non.

IX. L'obligation redevient-elle indivisible dans l'exécution lorsque après avoir été divisée sur plusieurs têtes, elle se trouve réunie sur la même? — Oui.

X. Peut-il y avoir exception à la divisibilité du payement du côté des créanciers? — Oui.

www.ingramcontent.com/pod-product-compliance
Lightning Source LLC
Chambersburg PA
CBHW070805210326
41520CB00011B/1838